KB212195

Sunday Dinner: The Lord's Supper and the Christian Life

오라, 주님의 식탁으로

성찬에 참여하는 모든 이에게

Sunday Dinner: The Lord's Supper and the Christian Life

오라, 주님의 식탁으로

성찬에 참여하는 모든 이에게

윌리엄 윌리몬 지음 · 정다운 옮김

비아
VIA

| 차례 |

일러두기

· 성경 표기와 인용은 『새번역』(대한성서공회, 2004)을 따르되 원문과 지나치게 차이가 날 경우 역자가 직접 번역했습니다.

· 역자 주석의 경우 *표시를 해 두었습니다.

· 단행본 서적의 경우 『』표기를, 논문이나 글의 경우 「」, 영화, TV 프로그램, 음악 작품이나 미술 작품의 경우 《 》표기를 사용했습니다.

· 소모임을 위한 질문은 이 책을 가지고 교회 소모임을 하게 될 때 사용하기 쉽게 구성되어 있습니다. 선호에 따라 각 장 시작 부분과 끝 부분에 나오는 질문을 사용하십시오.

오직 한 분이시며 참되신 성부여,

아버지께 언제 어디서나 감사와 찬양을 드림은

참으로 옳은 일이며 우리의 기쁨입니다.

주님은 태초부터 우리가 영원히 미치지 못할 빛 속에 계시오며,

생명의 샘이시요, 모든 선의 근원이 되시나이다.

또한 주님은 만물을 지으시고 축복으로 채우시며,

경이로운 빛 가운데 기쁨을 누리며 살게 하셨나이다.

그러므로 하늘의 무수한 천사들이 밤낮으로 주님을 섬기고,

그 빛나는 얼굴을 뵈오며 끊임없이 찬양하오니,

우리도 그들과 함께 하늘 아래 만물과 더불어

주님의 거룩하고 영광스러운 이름을 소리 높여 찬양하나이다.

들어가며

일요일의 저녁 식사

가족들과 함께했던 저녁 식사는 제 어린 시절 가장 정겨운 기억으로 남아 있습니다. 교회를 다녀온 뒤, 주일 저녁이면 저희 가족은 크지만 볼품없는 할아버지 집에 모여 식사를 하곤 했습니다. 이 '가족'에는 엄마, 아빠, 형제, 자매뿐 아니라 삼촌, 숙모, 사촌에 관계가 다소 불분명한 아저씨, 아줌마들까지가 포함되었습니다. 삼촌들은 거실에 모여 잎담배를 피우며 논쟁을 벌였고 숙모들은 부엌에서 저녁 준비를 하며 수다를 떨었으며, 사촌들은 집 앞에 있는 정원을 종횡무진 누비며 뛰놀았습니다. 제발 옷은 더럽히지 마라, 머리 다치면 안 된다고 수시로 애원하는 부모님들의 목소리는 귓등으로 들으면서요.

느지막한 오후까지 그렇게 시간을 보내노라면 어디선가 배가 고프다는 투정이 시작되었습니다. 물론 저녁 식사가 다 준비되고 시작되기까지는 충분히 기다려야 했지만 기다릴 가치가 있었습니다. 때가 차면 가족들은 할머니의 지휘 아래 모두 긴 식탁에 모여 앉았습니다. 할머니는 누가 어디 앉았는지를 정확히 기억하고 계셨거든요. 식탁의 한쪽 끝에는 엄마가, 또 다른 끝에는 아빠가 앉아 식사 의례를 주재했고, 고모와 삼촌도 그 사이사이에 지정된 자리에 앉았습니다.

식사는 끝나지 않을 것 같이 길고 지루한 아빠의 기도로 시작되었습니다. 아빠가 기도로 모두를 축복하고 나면 시끌벅적하고 즐거운 잔치가 이어졌습니다. 식사하는 동안에는 조용히 식사만 했지만(이 시간만은 소리라고 해봐야 포크와 나이프가 딸그락대는 소리뿐일 정도로 조용했습니다), 식사가 끝나면 온 가족이 식탁에서 수다를 떨었습니다. 다음 선거에 대해, 또 여러 중요한 사회 문제들에 대해 삼촌과 숙모가 논쟁하는 모습을 저와 사촌들은 지켜보았습니다. 연장자의 발언은 나이에서 우러나는 지혜로운 의견으로 존중받았고 모두 그 말을 경청했습니다. 때로 형이나 누나가 10대다운 건방을 떨며 설익은 견해를 내놓으면, 삼촌과 숙모가 이를 저지하거나 엄마 아빠가 나서서 바람직한 방향을 참을성 있게 가르쳐 주시곤 했습니다. 그리고 언제나 이야기가 있었습니다. 가문에 전해 내려오는 조상들의 업적, 영웅담부터 우스운 이야기들까지, 식탁에서 우리는 우리의 이야기를 들을 수 있었습니다.

주일 저녁 식사는 주일마다 치르는 저희 가족의 의식이었습니다. 어느덧 저희도 나이가 들고 제 또래들도 각자 가족을 갖게 되었습니다. 더 많은 사촌이 생겼고, 어린아이였던 저희가 어느새 어른들이 앉는 자리에 앉게 되었습니다.

'주일 식사'라는 의식 덕에 저는 가족의 일원이 된다는 것이 무엇인지 따로 배울 필요가 없었습니다. 저와 같은 성씨를 가진 이들이 세계를 어떤 관점으로 바라보는지, 어떤 관점을 온당하다고 여기는지, 제가 누구인지에 대해 따로 설명을 들을 필요도 없었습니다. 정통 신앙도, 품행을 단정히 하는 법도 따로 배우지 않았습니다. 제가 이 가족의 일원이며, 그들이 저를 사랑한다는 사실을 애써 익힐 필요도 없었습니다. 저는 그 모든 것을 일요일 식사 자리에서 배웠습니다. 누군가가 저에게 "당신의 편은 누구입니까? 그들은 어떤 사람들입니까?"라고 묻는다면 저는 망설임 없이 답할 것입니다. "주일에 할머니 집 식탁에서 저녁 식사를 함께한 사람들입니다. 우리는 그 식탁에서 시작되었고 자라났습니다. 그들이 제 가족입니다." 그 식탁에서 우리는 가족의 공통 기억에 참여하며 우애를 나누었습니다. 그 식탁이 우리의 정체성을 형성했습니다. 우리 '가족'의 자리, 우리가 있어야 할 곳, 우리의 이름이 있고 우리의 이야기가 있는 곳, 그곳은 주일 식사 식탁이었습니다.

『기억하라, 네가 누구인지를』Remember Who You Are에서 저는 그리스도인들이 떠나는 순례의 출발점이 세례라고 이야기한 바 있습니다. 이 책에서는 그 순례의 여정을 어떻게 이어가고, 어떻게 성장할지를 이야기해보려 합니다. 즉 이 책은 성찬, 주님의 만찬에 관한 책이며 그렇기에 이 책은 우리의 먹거리, 식사에 관한 책이기도 합니다. 주님의 만찬에 참여하는 그 자리가 곧 그리스도인으로서 정체성을 형성하는 자리, 자양분을 얻고 삶의 방향을 바꾸는 자리,

성장하는 자리라는 확신에서 저는 이 책을 썼습니다. 저는 이 책을 통해 성찬에서 먹고 마시는 빵과 포도주가 그리스도인들에게 지극히 평범한 식사임을 이야기하려 합니다. 성서에서도 주님의 만찬은 그분과 함께하는 구성원들, 가족이 한데 모인 일요일 식사 모임(오늘날 우리는 그 모임을 교회라고 부릅니다)에 기원을 두고 있다고 말하고 있으니 이런 제 확신도 성서에서 비롯되었다 할 수 있습니다.

성찬이라는 선물에 담긴 의미가 무엇인지, 그리스도인의 일상에서 그 식사가 왜 그토록 중요한지 궁금해하는 이들을 돕고자 저는 이 책을 썼습니다. 성찬은 단순한 '말'을 넘어서는 너무도 풍요로운 경험입니다. 그렇기에 우리는 이 경험을 여러 이름으로 부르며, 각 이름은 이 경험의 다양한 측면을 조명해 줍니다. 예수와 제자들이 식탁에서 나눈 우애, 그 우애가 교회를 통해 계속 이어지고 있음을 상기하려 우리는 그 거룩한 식사를 '주님의 만찬'Lord's Supper이라고 부릅니다. 빵과 포도주를 함께 먹고 마시는 그곳에 그리스도께서 함께하시며, 한 빵을 먹는 우리가 그리스도 안에서 형제자매가 되었음을 기억하려 우리는 이 식사를 '거룩한 친교'Holy Communion라고 부릅니다. 성찬을 지칭하는 또 다른 표현인 '감사성찬례'Eucharist는 그리스어 에우카리스티아εὐχαριστία에서 유래했으며 이 단어는 '감사를 드린다'는 뜻입니다. 즉 '감사성찬례'는 그 식사가 예수 그리스도 안에서, 예수 그리스도를 통해 거룩하신 분이 하신 일을 기뻐하며 감사드리는 행위임을 기억하는 이름입니다. 또 주님의 만찬을 '미사'Mass라고 부르기도 합니다. 이 이름은 중세 교회에서 성찬을 마치고 난 뒤 "(세상으로) 나가서 복음을 전합시다"

라는 말로 모임을 마무리했던 데서 유래했습니다. 세상으로 나아가 마땅히 할 일을 하기 위해 필요한 양분을, 그리스도인들은 성찬을 통해 공급받기 때문입니다. 다이아몬드가 각 반사면으로 영롱한 빛을 발하며 반짝이듯, 성찬의 다양한 이름들(주의 만찬, 거룩한 친교, 감사성찬례, 미사)은 이 식사가 지닌 다양한 면을 볼 수 있게 도와줍니다. 또한 각 이름은 성찬이 얼마나 풍요롭고도 다채로운 경험인지를 우리에게 알려줍니다.

이 책에서는 성찬의 다양한 면을 논의해 보려 합니다. 물론 우리는 그 신비로운 경험을 온전히 이해할 수 없고 그러려 해서도 안 됩니다. 예수의 명령은 "받아라, 먹으라"이지, "받아라, 이해하라"가 아닙니다. 때로 교회는 주님을 간절히 경험하고픈 이들을 향해 주님에 관한 설명을 하는 우를 범하곤 합니다. 저는 이 책이 그러한 설명이 되지 않기를, 당신의 삶에서, 그리고 우리가 사는 세상에서 우리와 함께하시는 주님을 새롭게 경험하는 길로 이끄는 초대가 되기를 바랍니다. 북부 연합감리교회 신자들과 듀크 대학교 신학대학원 학생들, 제 생각의 단초들을 듣고 그 생각들이 자라도록 도와주었던 친구들에게도 감사를 전합니다. 브루스 세이어Bruce Sayre와 존 웨스터호프John Westerhoff에게도 감사한 마음입니다.

또 저를 식탁 모임에 초대해 준 모든 동료 그리스도인들, 사막을 통과하는 여정에서 제 배고픔을 채워주었던, 제게 먹을 것과 마실 것을 주었던 이들, 둘러앉은 식탁에서 잊지 못할 이야기를 들려주었던 이들, 제 몹쓸 식사 예절을 견뎌 주었던 이들, 그리하여 훗날 주님이 저를 영원한 식탁으로 초대하실 때 제가 무엇을 어떻게 해야 할지를 알려준 모든 이에게 감사를 전합니다. 그 모든 일요일 식사, 가족들과 함께했던 식사, 주님의 만찬, 교회 소풍, 간단한 아침 식사와 화려한 저녁 식사, 그 외 모든 식사는 제게 우리 주님이 우리와 가까이 계심을 알려 주었습니다.

1980년 성금요일

윌리엄 윌리몬

사랑이신 주님, 당신께서는 말씀으로 이 세상을 창조하셨으며,

모든 피조물을 사랑하심으로 외아들 예수 그리스도를 이 땅에 보내시고,

십자가의 죽음과 부활로써 구원의 길을 열어주셨나이다.

이제 주님의 말씀을 따라 감사와 찬양의 제사를 드리오니,

이 빵과 포도주 위에 성령을 내리시어

그리스도의 몸과 피로 이루신 새 언약의 성사가 되게 하소서.

- 성공회 기도서 감사성찬례 중 성찬기도 2양식 -

제1장

———

식사의 기억

그들이 주님을 뵈며 먹고 마셨다.

- 출애굽기 24장 1절 -

식탁에서 나누는 이야기들

식사를 하며 우리는 이야기를 합니다. 아니, 이야기는 그 자체로 식사의 일부입니다. 먹기만 하려니 무료해서 이야기를 하는 것이 아닙니다. 이야기는 식탁에서 이루어지는 교제, 식탁에서 자라는 우정과 사랑, 기쁨과 추억의 중요한 부분이며, 식사라는 신비를 구성하고 있습니다. 이 책에 많은 이야기가 등장하는 이유도 이 때문입니다. 그리스도인들이 함께 식사하는 자리, 특히 주님의 식탁(성만찬)에서 나누는 이야기는 그리스도교에서 매우 진지하게 여기는 그리고 기쁜 활동 중 하나입니다. 예수께서 제자들과 함께 식사하며 이야기를 나누셨기에 우리도 이야기를 나눕니다. 그 이야기는 우리가 누구이며 왜 함께 한 식탁에 모여 식사를 나누는지, 이 식탁이 무엇을 예비하고 있는지를 알려 줍니다.

얼마 전 저는 오랜 친구들을 만나 중식당에서 식사했습니다. 적어도 15년은 보지 못했던, 세계 각지로 흩어져 살던 고등학교 동창들을 만나는 자리였습니다. 그렇게 만나고 보니 처음에는 다소 서먹하기도 했습니다. 하지만 음식이 나오고 나니 이내 대화가 시작되었고 대화는 이야기로 이어졌습니다. 그 저녁 우리는 지난날들, 즐거웠던 기억들을 한 사람씩 돌아가며 이야기했습니다. 그렇게 기억을 나누고 웃음을 나누고 음식을 나누는 동안, 오랜 시간 보지 못했던 탓에 처음에는 다소 서먹했던 우리가 어느새 다시금 친한 친구가 되어 있었습니다. 이야기는 종종 그런 일을 합니다. 우리가 어디에서 왔고 어디에 있으며 어디로 갈 것인지를 기억하게 해주는 것입니다.

유대인들의 식사와 이야기

유대인들의 유월절 축제 기간입니다. 준비된 식사가 차려지고 모두 식탁에 모인 자리에서 아이들이 어른들에게 묻습니다. "오늘 밤은 왜 다른 모든 밤과 다른가요? 이날 식사는 다른 날 하는 식사와 달리 우리에게 무슨 특별한 의미를 지니고 있나요?" 전통적인 유월절 식사를 하며 아버지는 오래전 이스라엘 백성이 해방된 이야기를 아이들에게 들려줍니다.

먼 옛날 우리는 이집트 파라오의 노예였단다. 하지만 우리의 창
조주께서 전능한 팔을 뻗어 선조들을 건져 주셨지. 거룩하신 분
(주님, 당신을 찬양합니다)께서 그들을 이집트에서 건져 주시지 않았
다면 우리는 여전히 너희들과 너희들의 자녀들까지도 파라오의
노예로 있었을 거야. … 이집트에서 해방된 이 이야기를 하면 할
수록, 우리는 우리를 구원하신 그분을 찬미하게 되지. 그분은 찬
양받기에 합당한 분이란다.

유월절이 되면 유대인들은 쓴맛이 나는 풀(쓰라린 노예 생활과 광야에
거류하던 시절을 기억하는 것입니다), 이스트를 넣지 않은 빵(빵이 부풀
어 오르기를 기다릴 새도 없이 이집트를 빠져나와야 했던 것을 기억하는 것
입니다), 그리고 (적에게서 달아나기 전 급히 음식을 먹는 도망자처럼) 양
고기를 먹었습니다. 그것은 이집트를 탈출한 사건을 기리고 기념
하는 식사였습니다. 식탁은 그 이야기를 하는 장소였지요.

  이야기를 한다는 것은 단순히 과거에 일어난 역사적 사건을 회
상한다는 뜻이 아닙니다. 이야기는 그 구원의 사건을 현재에 시연
합니다. 이야기를 하며, 이야기가 담긴 음식을 먹으며, 과거는 현
재가 됩니다. 그렇게 현세대 또한 이집트 탈출 사건에 적극적으로
참여하게 됩니다.

  온 세대가, 모든 사람이, 이집트에서 벗어나게 되리.
  이집트에서 벗어난 과거는 오늘이 되리.
  "그날이 오면 너희는 너희 아들에게, 너희가 이집트에서 풀려나

올 때 주님께서 너희에게 해주신 일을 생각하고 드리는 축제라고 설명해 주어라." (출 13:8)

유월절 식사를 하며, 식탁에서 대화를 나누며, 이야기를 들으며 유대인들은 자신들이 누구였는지, 또 누구인지를 기억합니다. 유대인들에게 유월절 식사는 과거에 일어난 일을 기억하는 자리이자 '오늘' 그분이 택한 백성이 되는 자리, 과거에 일어났던 일을 지금, 여기서 재연하는 자리입니다.

주님의 만찬을 나누며 우리 그리스도인들 또한 이렇게 물을 수 있습니다. "우리에게 이 식사는 왜 다른 식사보다 특별합니까?" 그리고 이 물음 역시 과거에 일어났던 이야기를 들려주는 것으로 답할 수 있습니다. 성서는 사과를 '먹는' 이야기에서 시작해 어린 양의 혼인 잔치(잔치 음식을 먹는) 이야기로 마칩니다. 구약성서는 우리가 생각하는 것보다 훨씬 더 먹고 마시는 일을 중요하게 그립니다. 오늘날에도 유대인들은 성스러운 날들을 기념할 때 먹고 마시는 축제를 엽니다. 앞에서 이야기했듯 이집트 노예살이에서 자유를 얻은 날, "(재앙을) 넘어간 날(유월절)"을 기념할 때도 유월절 '식사'를 합니다. 어떤 면에서 유대인들에게는 모든 식사가 성스러운 의식인 셈입니다.

음식을 두고 축복과 감사의 말을 하는 서구의 관습도 유대인에게서 온 것입니다. 유대인들은 기도를 한 뒤 음식에 축사함으로, 음식이 주님께서 베푸신 선물이며 식사는 그 자체로 성스러운 예식이라고 선언합니다. 식사라는 선물을 나누며, 식탁에 둘러앉은 이들과의 우정을 통해 그들은 주님께 나아갑니다. "주님은 위대하십니다. 그분은 선하십니다. 그러니 이 음식을 주신 그분께 감사드립시다"라는 저녁기도는 유대 전통에 충실한 기도입니다.

주님의 위대하심과 선하심이 드러나는 길에는 여러 갈래가 있습니다. 음식을 축사하며 우리는 그분의 위대하심과 선하심을 다시 기억합니다. 음식이라는, 매일같이 주어지는 선물을 통해 우리는 꾸준히, 손쉽게 그분의 선하심과 위대하심에 다가가고 이를 경험합니다. 그리하여 가족이 함께 식사를 나누는 식탁은 신성한 것이 인간적인 것과 만나는 장소가 되고, 가족이 함께 나누는 식사는 성사sacrament가 됩니다. 먹고 마시며 우리는 거룩하신 아버지께서 그처럼 평범한 길을 따라 일상에 오셔서 우리를 만나 주신다는 것을 다시금 기억합니다. 평범한 빵과 평범한 포도주, 평범한 사람들, 평범한 사람들과 나누는 평범한 대화는 모두 주님을 만나는 길이 됩니다.

식사가 이처럼 거룩한 일이기에 음식을 먹는 자리야말로 거룩하신 주님을 만나는 적절한 곳이라고, 음식은 우리와 함께하는 그분의 신비를 기념하는 도구라고 우리 신앙의 선배들은 이야기했습니다. 노아와 노아의 가족들은 파괴적인 홍수에서 살아난 후 주님께 감사제를 드리며 그분이 이룬 구원을 기념했습니다(창 8:20~22).*

---

* "노아는 주님 앞에 제단을 쌓고, 모든 정결한 짐승과 정결한 새들 가운데서 제물을 골라서, 제단 위에 번제물로 바쳤다. 주님께서 그 향기를 맡으시고서, 마음속으로 다짐하셨다. '다시는 사람이 악하다고 하여서, 땅을 저주하지는 않겠다. 사람은 어릴 때부터 그 마음의 생각이 악하기 마련이다. 다시는 이번에 한 것 같이, 모든 생물을 없애지는 않겠다.'"(창 8:20~22)

또한 그 제사를 통해 주님께서는 노아를 축복하시고 인류와 언약을 맺으셨습니다. 그분은 말씀하셨습니다.

> 이것이 내가, 너희 및 너희와 함께 있는 숨 쉬는 모든 생물 사이에 대대로 세우는 언약의 표다. … 다시는 홍수를 일으켜서 살과 피가 있는 모든 것을 물로 멸하지 않겠다. (창 9:12,15)

우리도 누군가에게 감사를 표하려 할 때 기념 만찬을 엽니다. 이는 선조들이 드렸던 감사제와 유사합니다. 국가 간 조약을 비준하고 공식 만찬을 하는 것 역시, 중요한 계약 혹은 언약을 맺었음을 식사로 확정했던 고대 의례를 반복하는 것이라고 할 수 있습니다.

식사가 환대와 우정의 징표임은 두말할 나위가 없습니다. 동네에 이사 온 아이와 친구가 되고 싶을 때 사탕을 나누어 먹는 것은 아이도 아는 우정의 기술입니다. 딸이 남자 친구를 저녁 식사 자리에 데리고 오겠다고 선언하면 부모는 둘의 관계가 이전보다 친밀한, 진지한 단계로 도약했음을 감지합니다. 낯선 이를 가족의 내밀한 성소sanctuary(저녁 식사를 하는 식탁)로 불러들인다는 것은 무언가 중요한 일이 일어날 것을 예고하는 신호일 테니까요.

구약성서에서도 식사는 환대와 우정의 의미를 내포하고 있습니다. 아브라함은 세 이방인을 집으로 들여 그들에게 정성껏 식사를 차려주었고, 그 환대로 인해 축복을 받았습니다(창 18:1~16). 레위기와 출애굽기에서 주님은 이스라엘 백성에게 "거류민"과 "집에 머무르는 나그네"를 환대하라고 명령하십니다. 시편 23편의 기자

는 "내 원수들이 보는 앞에서 내게 잔칫상을 차려주시니"(시 23:5)
라며 기뻐 노래합니다. "잔칫상을 차려주시"는 것을 환대의 행위,
커다란 우정의 행위로 받아들인 것입니다. 여러분을 저녁 식사에
초대하는 사람은 여러분이 잘되든 그렇지 않든 여러분 곁에 있을
사람입니다. 고대 근동 문화에서는 정말 그랬습니다. 고대 근동 사
회에서는 함께 밥을 먹는 일, 식사 자리에 초대하는 일, 초대받는
일에 훨씬 더 큰 의미를 부여했습니다. 누군가를 가족 식탁에, 식
사 자리에 초대하는 일은 그와 일생에 걸쳐 깊은 관계를 맺겠다는,
영원한 우정의 징표였습니다.

언젠가 한 유목민 이야기를 들은 적이 있습니다. 사막에서 원수
에게 쫓기던 그는 절박한 마음으로 한 야영지에 들어섰습니다. 그
리고 낯선 이들이 자신을 받아주기를 바라며 한 천막으로 뛰어들
었습니다. 숨을 헐떡이며 천막 문을 열어젖히고 머리를 들이밀자
막 식사를 하려는 이들이 보였습니다. 유목민은 그들이 자신을 받
아줄지 등을 돌릴지에 마음을 졸이며 그들의 얼굴을 바라보았습
니다. 천막 안에 있던 그들은 유목민에게 들어와 앉으라고 손짓했
고 그는 안도의 한숨을 내쉬며 들어와 앉았습니다. 그러는 사이 그
를 쫓던 원수들도 야영지에 도착했습니다. 원수는 그를 잡아 죽이
려고 그가 들어간 천막 문을 열었습니다. 하지만 그는 이미 식탁에
앉아 있었고, 원수는 하릴없이 그를 내버려 두고 돌아설 수밖에 없
었습니다. 이처럼 근동 지방에서 누군가를 자신의 식탁에 앉게 하
는 것은 그를 크게 환대하는 행위입니다. 그런 맥락에서 시편 기자
는 노래합니다.

주님은 나의 목자시니 내게 부족함 없어라. … 내가 비록 죽음의
그늘 골짜기로 다닐지라도 주님께서 나와 함께 계시고 주님의 막
대기와 지팡이로 나를 보살펴 주시니 내게는 두려움이 없습니다.
주님께서는 내 원수들이 보는 앞에서 내게 잔칫상을 차려주시고
내 머리에 기름 부으시어 나를 귀한 손님으로 맞아주시니 내 잔
이 넘칩니다. (시 23:1,4~5)

누군가를 식탁에 초대한다는 것은 그를 환대한다는 최상의 징표입
니다. 주님께서 우리를 환대하신다는 최상의 징표 역시 잔칫상을
차려주시는 것으로 나타납니다. 시편 기자는 주님께서 원수들이
보는 앞에서 자신에게 잔칫상을 차려주신다고 이야기합니다. 예언
자 이사야도 이스라엘이 귀환하여 궁극적으로 구원받을 때 주님의
식탁으로 초대받게 될 것이라고 말합니다. 메시아가 이스라엘 백
성 중 가난하고 가련한 이들을 초대하셔서 값없이 먹게 해주실 것
이라고 선포하면서요.

> 너희 목마른 사람들아
> 어서 물로 나오너라.
> 돈이 없는 사람도 오너라.
> 너희는 와서 사 먹되 돈도 내지 말고
> 값도 지불하지 말고 포도주와 젖을 사거라. (사 55:1)

이사야는 위대한 구원의 날, 메시아가 베푸는 연회에는 선택받은

백성이 아닌 이방인들까지도 초대를 받아 주님 앞에 나아오게 될 것이라고 선포합니다.

> 네가 알지 못하는 나라를 네가 부를 것이며,
> 너를 알지 못하는 나라가 너에게 달려올 것이니,
> 이는 주님, 이스라엘의 거룩하신 그분께서
> 너를 영화롭게 하시기 때문이다. (사 55:5)

이스라엘 백성이 기다린 '메시아의 날'이란 곧 기름 부음 받은 자 (메시아)가 이 땅에 오셔서 가난하고 배고픈 이들에게 성대한 연회를 베풀어 주실 날이었습니다. 이사야는 여기에 더해 "네가 알지 못하는 나라(이방인)"까지도 초대받게 되리라고 이야기합니다.

앞서 이야기했듯 함께 식사를 나누는 행위에는 중요한 합의나 약속을 확정하는 뜻이 담겨 있습니다. 이때 식사란 그 자체로 특정 조약을 비준하는 일입니다. 예수께서는 다락방에서 제자들과 식사를 하며 출애굽기 24장 8절을 인용하십니다.

> 보십시오, 이것은 주님께서 이 모든 말씀을 따라, 당신들에게 세우신 언약의 피입니다. (출 24:8)

이 말씀은 시내산에서 이루어진 언약과 연회에서 유래했습니다. 오래전부터 전해오는 이 이야기에서 모세는 아론, 나답, 아비후, 그리고 이스라엘의 70명의 장로와 함께 시내산에 오릅니다. 그 산에서 주님은 스스로 이스라엘 백성과 사랑의 약속이라는 멍에를 매십니다. 이제 이스라엘 백성은 주님 한 분만을 섬깁니다. 구약성서는 언약이 성사된 풍경을 이처럼 비범한 말로 표현합니다.

그들이 주님을 뵈며 먹고 마셨다. (출 24:11)

여기에서도 식사는 약속을 확정하는 사건입니다. 이스라엘 백성은 주님의 손님이 되어 그분의 식탁에 앉습니다.

예레미야는 이스라엘 백성과 주님이 새로운 언약을 맺게 될 것이라고 예언했습니다. 그들이 몇 번이고 부정不貞을 일삼고 고집을 부리느라 시내산에서 맺은 언약을 깨트렸기 때문입니다. 주님은 새 언약을 통해 말씀하십니다.

그러나 그 시절이 지난 뒤에, 내가 이스라엘 가문과 언약을 세울 것이니, 나는 나의 율법을 그들의 가슴 속에 넣어 주며, 그들의 마음 판에 새겨 기록하여, 나는 그들의 주가 되고, 그들은 나의 백성이 될 것이다. 나 주의 말이다. 그때에는 이웃이나 동포끼리 서로 '너는 주님을 알아라' 하지 않을 것이니, 이것은 작은 사람으로부터 큰 사람에 이르기까지, 그들이 모두 나를 알 것이기 때문이다. 내가 그들의 허물을 용서하고, 그들의 죄를 다시는 기억하지 않겠다. 나 주의 말이다. (렘 31:33~34)

이전에 맺었던 언약은 계약과 유사했습니다. 계약 당사자 간 의무를 이행하기로 합의하고 서로가 그 계약에 묶였기 때문입니다. 하지만 예레미야가 말하는 언약은 전통적인 의미에서의 계약이 아니었습니다. 새 언약은 주님 편에서 일방적으로 이스라엘에 귀속되시겠다는 약속입니다. 이스라엘이 주님을 위해 무엇을 할 수 있는지에 근거하지 않은, 오로지 이스라엘을 향한 주님의 사랑에 기반을 둔 약속이라는 점이 이 관계의 독특한 면입니다.

이 땅에서의 활동을 마무리하시며, 예수는 다락방에 올라 마지막 저녁 식사를 하십니다. 그분은 포도주잔을 들고 감사 기도를 드린 후 제자들에게 잔을 건네며 말씀하십니다.

이것은 내 언약의 피, 많은 사람을 위해 흘릴 내 언약의 피다.

(막 14:2)

첫 언약을 확증하던 시내산, 오래전 그 연회에서 울리던 소리가 들려오는 듯합니다. 후에 제자들은 다락방에서의 식사를 "주님을 뵙고 먹고 마셨"던 사건으로 기억하고 그렇게 믿었을 것입니다. 예수께서 친히 축사하신 잔을 받았으니까요.

노예 생활에서 벗어나 자유를 얻은 일을 기념하고 기리는 기쁨 가득한 연회, 감사의 제사, 거룩한 환대와 우정의 징표, 메시아가 여는 연회, 새로운 언약의 확정, 이 모든 과거의 일들, 식사와 관련된 오래된 이야기들에 담긴 의미를 그들은 저 다락방에서 한 식사를 통해 선명하게 알게 되었을 것입니다. 그리스도께서 제자들을 식탁으로 초대하시고, 빵과 포도주에 축성하시고, 빵과 잔을 나누었던 식사는 초대 그리스도인들에게 거룩하신 아버지께서 하신 말씀("나는 그들의 주가 되고, 그들은 나의 백성이 될 것이다" (렘 31:33))의 생생하고도 선명한 징표가 되었을 것입니다.

예수의 십자가 죽음은 그 언약이 파기되었음을 보여주는 사건이 아니라 오히려 인준되었음을 드러낸 사건이었습니다. 며칠 지나지 않아 예수를 따르던 이들은 기뻐하며 죽음에서 부활한 예수를, 엠마오에서 "빵을 떼어" 주신 주님을 전했습니다(눅 24:35). 이 땅에서 활동하는 내내 예수는 사람들과 함께했고, 기뻐했고, 끝까지 그들을 사랑했고, 함께 먹었습니다. 초기 그리스도인들은 부활 이후에도 여전히 이러한 활동이 이어졌다고 고백했습니다. 그렇기에 그들은 가르치고, 치유하고, 선포하고, 세례를 주고 또 받았으며 고통당하고 증언하고 믿고 나누고 기도할 뿐 아니라 함께 먹었습니다. 그들은 "빵을 떼어" 서로 나누었습니다.

> 그들은 사도들의 가르침에 몰두하며, 서로 사귀는 일과 빵을 떼는 일과 기도에 힘썼다. (행 2:42)

과거에서 온 식사

일요일 저녁, 예루살렘에서는 안식일 후 일상이 다시 시작되는 날입니다. 해가 지고 안식일을 위해 모였던 인파가 흩어지면서 길은 한산해졌습니다. 점포상들은 옷을 갈아입고 노동자들은 한쪽 구석에 끼리끼리 모여듭니다. 좌판을 치운 농부는 당나귀를 달래

며 집으로 향합니다.[1]

하지만 거리 한편에서는 새 모임이 시작되고 있습니다. 창고 맨 아래층으로 난 좁은 복도 쪽을 유심히 보면 건물 뒤편 쪽문으로 들어서는 사람들의 모습이 보입니다. 여러 부류의 사람들입니다. 노인도 있고 청년도 있으며, 로마의 노예도 있고, 유대인 부부도 드문드문 보입니다. 성벽 밖에서 목동 일을 하는 사람, 공무원, 얼굴을 가린 여인 둘 ... 입구에서는 등불이 깜빡였다가 사라지기를 반복합니다. 이들은 왜 여기에 모이는 것일까요? 이 각양각색의 사람들은 한데 모여 무엇을 하는 것일까요? 어떤 비의秘儀, 혹은 수상한 거래를 하는 것일까요? 신분 확인 절차를 마친 뒤에야 그들은 입구 안으로 들어갑니다. 무엇을 어떻게 확인하는지는 모르겠지만 그들이 확인하는 사항이 인종, 경제적 지위, 계층 같은 것과는 무관한 것이 분명합니다. 그들은 그런 식으로는 도저히 하나로 엮일 수 없는 무리이니까요.

안으로 들어가면 삼사십 명의 회중이 둘러앉을 수 있는 커다란 방이 나옵니다. 방 중앙에는 소박한 나무 탁자 하나가 놓여 있습니다. 그리고 한 남자가 두루마리에 적힌 글, 히브리 예언자 중 하나가 쓴 글을 읽고 있습니다. 어두운 방에서 작은 두 개의 등불이 그의 얼굴을 비춥니다. 본문을 읽는 동안 사람들은 집중해서 듣습니다. 다 읽고 난 뒤 그는 두루마리를 말아 들고 회중 뒤편에 섭니다.

---

[1] 지금부터 묘사하는 초대교회 이야기는 다음을 참조하여 재구성했습니다. Bard Thompson(ed.), *Liturgies of the Western Church* (New York: World Publishing Co., 1961), 3-7.

이제 한 나이 든 사람(회중이 존경하는 사람이 분명해 보입니다)이 앞으로 나와 다시 등불 앞에서 말을 하기 시작합니다. 그는 거룩한 말씀을 들었으니 이 말씀을 따라 살라고 회중에게 촉구합니다.

나이 든 사람이 말을 마치자 모두 함께 시편을 노래합니다. 노래를 마치면 모두가 손을 들고 눈을 뜬 채로 하늘을 향해 손을 뻗고, 한 사람씩 돌아가며 (공동체에 속한 이들을 포함한) 다른 이들을 위해 단순한 말로 기도를 드립니다. 황제에게 절하지 않는다는 이유로 처형을 당한 여인을 위해서, 감옥에 갇혀 재판을 받는 이들을 위해서 기도합니다. 기도는 병든 이들, 박해받는 이들, 가난한 이들, 태어난 아이들 모두를 위한 간구로 이어집니다. 그리고 모두 함께 큰 소리로 "아멘"을 외친 뒤 '평화의 인사'로 서로 안아주며 기도를 맺습니다. 이제 저녁 식사를 준비할 시간입니다.

부제deacon(집사butler, 종업원waiter, 종servant이라는 뜻의 단어입니다)들이 회중 앞으로 나와 사람들이 십시일반 가져온 빵 덩이들과 포도주를 모아서 탁자 위에 올려 둡니다. 신선한 빵과 새 포도주의 향기가 방 안에 퍼집니다. 앞서 설교를 했던 연장자, 즉 주교bishop(감독관overseer이라는 뜻입니다)는 감사 기도를 드리고 탁자 뒤편에 선 다음 제물 위로 팔을 뻗습니다. 그는 주님이 피조 세계에서 행하시는 일들과 이스라엘을 향한 그분의 사랑, 그리고 예수 그리스도 안에서, 그를 통해 하시는 일들에 감사를 드립니다. 그리고 그는 그리스도께서 다락방에서 제자들과 나누셨던 식사를 회중에게 상기시킵니다. 그분이 빵을 떼시고 "이것을 행하여 나를 기억하여라"(눅 22:19) 하시며 제자들에게 빵과 포도주를 주셨던 일을 이야기합니다. 이에 회중은 한목소리로 아멘을 외칩니다.

이제 한 사람씩 빵(제법 큰 빵 덩어리입니다)을 받고 큰 잔에 담긴 포도주를 나누어 마십니다. 다 먹고 남은 빵과 포도주는 부제들이 다시 모읍니다. 남은 빵과 포도주는 고아와 과부들에게 돌아갈 것입니다. 최근에 일어난 박해 이후 먹여야 할 이들이 늘어났습니다. 부제들은 병든 사람, 여러 이유로 먹거리가 필요한 사람들에게도 남은 빵과 포도주를 전할 것입니다.

부제들이 남은 음식을 챙기고 부스러기를 치우는 동안 주교가 말합니다.

부유한 이들은 가난한 이늘을 돕기 위해 있습니다.
우리는 늘 함께일 것입니다.

그리고 그는 손을 들어 사람들을 축복합니다. 축복을 받은 뒤 사람들은 조용히 한적한 도시와 거리로 나갑니다. 돌길을 밟고 가는 소리가 저벅저벅 들리더니 다시금 고요해집니다. 그들은 배불리 먹었고, 양분을 얻었고, 주님을 만났습니다. 이제 다시 세상에 돌아갈 준비가 되었습니다. 그들은 문을 열고 어둠 속으로, 돌아갈 길을 밝혀줄 등불을 들고서 세상으로 나갑니다. 그들은 일요일에 모였습니다. 주님의 날, 그들은 모여서 읽고 듣고 기도하고 설교를 듣고 또 먹었습니다. 이것이 주님의 만찬입니다.

기억하라, 네가 누구인지를

오늘날 그리스도인들이 주님의 만찬을 위해 모이는 이유 중 하나는 '기억'하기 위해서입니다. 그리스도인들은 모여서 과거의 식사들을 기억합니다. 언약을 맺으며 나누었던 식사, 유월절 식사, 최후의 만찬, 엠마오에서의 식사, 오순절 그리고 그 외 여러 식사를 기억합니다. 우리가 주님을 기억하며 식사를 할 때, 주님과 함께 하는 '지금, 여기'에서의 식사가 한층 더 풍요로워집니다.

기억하는 것, 주님의 식탁에서 주님의 만찬을 '기억'하는 것은 단순히 과거에 일어난 어떤 일을 회상하는 것이 아닙니다. 성찬은 한때 사랑했으나 이제는 세상을 떠난 친구를 기념하는 추모식이 아닙니다. 죽은 영웅을 기리는 식사도 아닙니다. 우리의 친구 예수는 죽지 않았고 세상을 떠나지도 않았으며, 머나먼 기억 저편에 계시지도 않습니다. 그분은 오늘도 세상을 통치하고 계십니다. 그렇다면 예수를 기억한다는 말은 무슨 뜻입니까?

'기억'이라는 말에는 두 가지 의미가 있습니다. "조지 워싱턴 George Washington을 기억하라"라는 말을 들을 때 우리는 이제는 세상을 떠난 한 저명한 영웅을 회상합니다. 워싱턴이라고 불렸던, 한때 살아 있었고 무언가를 이루었으나 이제는 세상을 떠난 이를 기억합니다. 이것이 '역사적인 기억'historical remembrance입니다.

하지만 우리는 '기억'한다는 말을 다른 뜻으로도 사용합니다. 때로 우리는 "네가 누구인지를 기억하렴"이라고 말합니다. 제 자녀가 친구 집에 놀러 가려 문을 나설 때, 저는 아이에게 "네가 누구인지 기억하렴"이라고 말합니다. 교회 회의에서 어려운 문제를 논의할 때 누군가가 이렇게 말하기도 합니다. "이 상황에서도 여기가 교회이고 우리가 그리스도인이라는 사실을 기억합시다." 이때 '기억'은 단순히 과거에 일어났던 일을 떠올린다는 뜻이 아닙니다. 이 경우 '기억'은 깨어나 눈을 뜨는 것, 정신을 차리는 것, 갱신하는 것, 잊었던 무언가를 다시금 새기는 것을 의미합니다. '네가 누구인지 기억'하라는 말은 자신이 누구인지를 알라는 뜻입니다.

주님의 만찬에서 그리스도를 기억한다는 말은 이 두 번째 의미, 보다 역동적이고 심오한 의미에 가깝습니다. 그리고 이 두 번째 의미를 헤아려 봄으로, 우리는 성찬을 통해 그리스도를 기억한다는 말의 뜻을 더 분명하게 알 수 있습니다. 어떤 사람들은 마치 성찬식이 장례식인 듯, 2,000년 전에 죽은 가장 친한 친구의 장례식 자리에 오기라도 한 듯, 침통한 표정으로 슬퍼하며 성찬의 자리에 나옵니다. 하지만 우리의 가장 친한 친구는 죽지 않았습니다. 그리스도께서는 우리와 함께 계시며, 살아계시며 이 세상에서, 우리 가운데 활동하고 계십니다. 그러므로 우리는 오래전 떠난 누군가를 기억하듯 그리스도를 기억하려 애쓸 필요가 없습니다. 여기서 기억은 그런 뜻이 아닙니다. 여기서 기억은 "일어나라, 그분이 여기 계시다", 혹은 "눈을 떠라, 주님이자 친구이신 그분이 너와 함께 계시다", 혹은 "네가 진실로 누구인지를 깨달아라"라는 뜻입니다. 그렇게 우리는 예수 그리스도를 기억합니다. 월요일부터 토요일까지 일상에 파묻히는 경향에, 그 기억상실에 맞서 우리는 주일에 함께 모여 식사를 나누고 예수의 말씀을 기억합니다.

두세 사람이 내 이름으로 모여 있는 자리, 거기에 내가 그들 가운데 있다. (마 18:20)

그리스도 안에서 형제자매가 함께 모여 빵을 뗄 때, 축사할 때, 빵과 포도주를 나눌 때 우리는 주님이 우리 가운데 계심을 기쁜 마음으로 기억합니다. 그 식사 중에, 일요일 저녁 엠마오에서 주님과 식사를 했던 제자들처럼 우리의 눈이 열리고, 우리는 보게 됩니다 (눅 24:31)*. 우리 신앙의 선배들이 경험한 그 사건이 지금, 여기에서 벌어집니다.

그들이 주님을 뵈며 먹고 마셨다. (출 24:1)

---

* "그리고 그들과 함께 음식을 잡수시려고 앉으셨을 때에, 예수께서 빵을 들어서 축복하시고, 떼어서 그들에게 주셨다. 그제서야 그들의 눈이 열려서, 예수를 알아보았다. 그러나 한순간에 예수께서는 그들에게서 사라지셨다." (눅 24:30~31)

정리해 보기

◇ 유월절이 되면 유대인들은 _____(쓰라린 노예 생활과 광야에 거류하던 시절을 기억하는 것입니다), _____(빵이 부풀어 오르기를 기다릴 새도 없이 이집트를 빠져나와야 했던 것을 기억하는 것입니다), 그리고 (적에게서 달아나기 전 급히 음식을 먹는 도망자처럼) _____를 먹었습니다. (19쪽)

◇ 성서는 ____를 먹는 이야기에서 시작해 _____(잔치 음식을 먹는) 이야기로 마칩니다. (20쪽)

◇ 누군가를 식탁에 초대한다는 것은 그를 _____한다는 최상의 징표입니다. (24쪽)

◇ 초대교회에서는 _____(집사, 종업원, 종이라는 뜻의 단어입니다)들이 회중 앞으로 나와 사람들이 십시일반 가져온 빵 덩이들과 포도주를 모아서 탁자 위에 올려 두었습니다. 그러면 _____(감독관이라는 뜻입니다)는 감사의 기도를 드리고 탁자 뒤편에 선 다음 제물 위로 팔을 뻗어 축사하였습니다. (30쪽)

생각해 보기

◇ 우리 교회에서는 성찬을 얼마나 자주 합니까?

◇ 성찬을 받기 위한 자격이 있습니까?

◇ 성찬이란 당신에게 어떤 의미가 있나요?

◇ 당신이 출석하는 교회의 성찬과 초대 그리스도인들의 성찬을 비교해 봅시다. 유사점과 차이점을 이야기해 봅시다.

◇ 당신이 출석하는 교회의 성찬 순서에 담긴 의미를 나름대로 유추해 봅시다.

◇ 성찬의 의미와 본질에 관해 궁금한 점을 기록해 봅시다. 나름의 답도 적어 봅시다.

◇ 이 장을 읽고 새롭게 알게 된 내용에 대해 나누어 봅시다.

성찬은 신앙의 삶의 중심에 있습니다.

성찬을 통해 주님은 음식과 음료로 우리에게 오시고

우리를 진정 새로운 존재로 변화시키십니다.

예수에 대한 여러 개념과 이야기에 영감을 받는 삶도 귀하지만,

그리스도의 생명은 직접적으로는 성찬으로,

간접적으로는 다른 모든 성사에 의해

우리 삶을 근본적으로 변화시킵니다.

우리는 성사적 삶을 통해 살아 있는 그리스도가 되고,

성사적 삶 안에서 우리 안에 있는 옛 사람에 대해 진정으로 죽고

그리스도가 우리 존재의 중심이 되십니다.

이것이 그리스도교가 전하는 삶의 신비입니다.

그리고 이러한 신비로운 삶이야말로 참된 삶입니다.

우리 안에 계시는 그리스도의 영으로 인한 삶 말입니다.

이 삶은 우리가 "이제는 내가 사는 것이 아니요,

그리스도께서 사시는 것이라"고 말할 수 있게 합니다.

- 헨리 나우웬 -

읽기 전 생각해 보기

 - 당신에게 중요한 물건과 그 물건이 가진 의미를 생각해봅니다.

제2장

———

빵을 들어서 축복하시고

그들과 함께 음식을 잡수시려고 앉으셨을 때에,
예수께서 빵을 들어서 축복하시고, 떼어서 그들에게 주셨다.
그제서야 그들의 눈이 열려서, 예수를 알아보았다.

- 누가복음 24장 30-31절 -

사랑의 징표

1월의 어느 흐린 날, 저는 사무실 창밖을 내다보며 무심히 손가
락에 있는 반지를 만지작대고 있었습니다. 그러다 문득 끼고 있던
반지에 눈이 갔습니다. 그것은 어느 무더웠던 6월의 토요일, 아내
가 제 손에 끼워준 11년 된 금반지였습니다. 무심한 관찰자의 눈
에 반지는 한낱 금속 조각에 불과한 것, 기껏해야 금의 금전적 가

치에 따라 그 가치가 결정되는 물건이었을 것입니다. 하지만 춥고 쓸쓸한 날 홀로 창밖을 바라보던 제게 그것은 저를 향한 아내의 사랑, 저를 오랜 시간 인내해 준 따스한 사랑의 상징이었습니다. 반지는 그 자체로 눈에 보이고 손으로 만질 수 있는 사랑이었습니다. 제게는 값을 매길 수 없이 소중한 것이었지요.

외부에 있는 무심한 관찰자의 눈에 성찬에서 나누는 빵과 포도주는 그저 빵과 포도주일 뿐입니다. 하지만 제자들에게는 그 별 볼일 없는 평범한 빵이 오래도록 전해져 온, 눈에 보이고 만질 수 있는 주님의 사랑, 그 사랑을 가리키는 상징입니다. 무심한 외부인의 눈에 예수는 그저 1세기 유대 지방에 살았던 흔한 목수일 뿐입니다. 그러나 제자들에게 그는 거룩하신 아버지의 사랑이 눈에 보이게 드러난 상징입니다. 우리는 바랍니다. "말로만 하지 말고 보여주세요." 우리는 종종 말 그 이상을 원합니다. 행동은 말보다 목소리가 큰 법이니까요.

주님도 이를 아십니다. 성서에서도 그분은 (율법, 예언서, 예수의 설교, 바울의 편지에서처럼) 말로만 "내가 너를 사랑한다"고 하시지 않습니다. 그분은 징표와 징표가 되는 행동으로 사랑을 드러내십니다.

> 너희는 한 갓난아기가 포대기에 싸여 구유에 뉘어 있는 것을 볼
> 터인데, 이것이 너희에게 주는 표징이다. (눅 2:12)

베들레헴에 누운 아기는 창조주께서 그의 백성을 구원하기 위해

이 땅에서 활동하고 계심을 보여주는 징표였습니다.

사랑은 상징으로 드러납니다. 결혼식에서도 부부는 서로를 향해 사랑을 담은 말('사랑', '신의', '소중함', '맹세'와 같이 크고 중요한 말)을 합니다. 또 반지를 건네며 이런 설명을 덧붙입니다. "결혼반지는 내적이고 영적인 은총을 외적으로 눈에 보이게 드러낸 징표입니다." 반지는 신랑과 신부가 맺은 약속의 징표이며, 삶에서 가장 깊고 말로 다 할 수 없는 느낌을 눈에 보이게, 만질 수 있게 드러내는 상징입니다.

깃발, 악수, 입맞춤, 십자가, 결혼반지, 빵, 성배에 담긴 포도주는 모두 말 이상의 것을 담고 있는, 말 이상의 것을 표현하는 상징입니다. 상징은 상징이 아닌 것으로는 다 표현할 수 없는, 말로는 다 담을 수 없는 차원의 실재를 열어젖힙니다. 상징이 아니고는 상징이 가리키는 바를 말할 방법이 없습니다. 아무도 본 적이 없는 아름다운 그림이나 영화를 누군가에게 설명한다고 생각해보십시오. 당신이 보고 느낀 것을 상대도 느끼게 하기란 무척 어려운 일입니다.

추상적인 것들, 언어, 말을 중시하는 문화에 속한 우리는 종종 상징의 힘을 간과합니다. 어떤 개신교인들은 "성찬에서 빵과 포도주는 그리스도를 가리키는 상징일 뿐"이라고 말하기도 합니다. 상징일 '뿐'이라니요. 이런 식의 말은 상징적인 것들(이름이나 말, 혹은 문자) 이상의 무언가가 있음을 암시합니다. 하지만 말과 문자는 상징 이상의 것이 아니라 이하의 것입니다. 차라리 '그것은 말일 뿐'이라고 말하는 편이 정확할 것입니다. 말이란 때로 추상적이며 모호하고 개괄적이기 때문입니다. 실은 말(언어) 자체가 이미 하나의 상징입니다. 다소 추상적이고 구체적인 형태가 없는 상징이지요.

우리는 가두행렬에서 국기가 펄럭이는 모습에 가슴이 벅차오르기도 하고, 결혼반지를 잃어버려 끔찍한 상실감을 느끼기도 합니다. 교회 꼭대기에 달린 십자가나, 나치 문양, KKK의 문양 같은 것들을 정말 그저 상징일 뿐이라고 말할 수 있습니까?

상징은 상징이 가리키는 대상을 투명하게 반영합니다. 상징은 본래 그런 것입니다. 상징은 실재를 환기하며 실재를 열어 우리에게 보여주어서 그것을 우리가 감지하기 쉽게 해줍니다.

실은 예수 그분 자체가 눈에 보이고 만질 수 있는 최고의 상징, 인류를 향한 창조주의 사랑을 드러내고 표현하는 상징입니다.

> 그 말씀은 육신이 되어 우리 가운데 사셨다. 우리는 그의 영광을 보았다. 그것은 아버지께서 주신, 외아들의 영광이었다. 그는 은혜와 진리가 충만하였다. … 우리는 모두 그의 충만함에서 선물을 받되, 은혜에 은혜를 더하여 받았다. … 일찍이, 거룩하신 주님을 본 사람은 아무도 없다. 아버지의 품속에 계신 외아들이신 주님께서 그분을 알려주셨다. (요 1:14~18)

성사

성사(성례전)는 주님의 사랑을 환기하는 가장 강력한 상징입니다. 주님은 이를 우리에게 선물로 주셨습니다. 먹는 행위, 씻는 행위가 그렇듯 성사에는 깊은 의미가 담겨 있습니다. 빵, 포도주, 물과 같은 것들에도 풍성한 의미가 있습니다. 신앙이 천상이나 내세 혹은 추상적인 것들에 대한 것이라고 여기며, 우리는 때로 그리스도교를 '영적인 종교'spiritual religion로 혼동합니다. 하지만 예수께서 가르치신 신앙은 그와는 거리가 한참 멉니다.

예수께서는 우리가 일상에서 접하는 잡다한 것들(동전, 겨자씨, 하루치 일, 물, 빵, 포도주)을 가져다가 우리 가운데 함께하시는 주님을 볼 수 있도록 돕는 재료로 쓰십니다. 그리고 무엇보다 예수 자신이 "육신을 입은" 주님으로 성육신하십니다. 주님은 우리에게 당신을 보여주시기 위해 지상에 있는 것, 평범한 물건들, 평범한 행위들을 사용하기로 선택하셨습니다. 주님은 바로 그렇게 우리 곁에 오셔서 거룩한 아버지가 베푸시는 사랑의 증거가 되셨습니다.

장 칼뱅John Calvin은 창조주께서는 우리가 피조물이라는 사실을 결코 잊지 않으시기에 피조 세계에 속한 것들로 우리를 사랑하신다고 말했습니다. 어느 책에서는 성찬의 신비에 대해 "주님께서는 눈에 보이는 것들에 영적인 것을 담으신다"고 말하기도 했습니다.

다른 위대한 종교들과 그리스도교의 주된 차이 중 하나는 예배에서 '물질'을 대하는 방식에 있습니다. 캔터베리 대주교였던 윌리엄 템플William Temple은 그리스도교가 참된 신앙임을 보여주는 가장 좋은 증거는 "모든 위대한 종교 중 그리스도교가 가장 분명하게 물질적"이라는 사실에 있다고 말하기도 했습니다.[1]

---

[1]   William Temple, *Nature, Man, and God* (London: Macmillan and Co., 1964), 478.

성육신을 말하지 않는 종교와 성육신을 말하는 그리스도교의 차이는, 사랑하는 이에게 받는 편지와 사랑하는 이가 안아주는 것의 차이에 비견될 만합니다. 편지도 좋지만, 사랑하는 사람이 안아주는 것에 비할 수는 없지 않습니까? 예수를 바라볼 때마다 우리는 다시금 하늘 아버지께서 우리에게 편지를 써서 보내주시거나 설교를 하는 데 그치지 않고 구원의 드라마에 몸소 참여하셨다는 사실을 기억합니다. 주님은 세상을 버리시지도, 우리에게 세상을 버리라고 명하시지도 않습니다. 우리 주님은 저 멀리 구름 위 어딘가에 머무르며 적당히 거리를 두는 사랑에 만족하지 않으십니다. 주님은 육체로 오셔서 말구유에서 나시고, 나사렛의 젊은 유대인으로 살다가 십자가에 달리셨습니다. 주님의 사랑은 눈에 보이는, 손으로 만질 수 있는, 구체적이며 육체적이고 물질적인 사랑이었습니다. 성 아우구스티누스St. Augustine가 그리스도를 "주님의 성사"라고 부른 것도 이러한 맥락에서였습니다.

어떤 이들은 천상에 속한, 천사 같은 것을 다루는, 사람의 손이 닿지 않고, 땅에 손을 대지도 않는 그런 종교를 찾습니다. 그런 종교도 있겠지만 그리스도교는 그런 종교가 아닙니다. 우리 몸은 영혼과 분리되지 않으며 사랑과 섹스를 분리할 수 없고, 소명과 직업, 하늘과 땅, 종교와 돈을 따로 떨어뜨려 놓고 이야기할 수도 없다고, 그리스도교는 그렇게 말합니다. C. S. 루이스C. S. Lewis는 말했습니다. "주님은 물질을 좋아하십니다. 그분이 물질을 만드셨기 때문입니다."*

> 사실 주님은 천사들을 도우시는 것이 아니라 아브라함의 자손들
> 을 도우십니다. 그래서 그분은 모든 점에서 형제자매들과 같아지
> 셔야만 했습니다. (히 2:16~17)

히브리서 저자는 "우리 주님은 천사들을 도우시는 것이 아니"라
고 말합니다. 감사하게도 우리는 천사들이 아니지요. 우리는 살과
피를 지닌 인간입니다. 우리는 저 구름 위 영적인 세계, 낙원이 아
닌 여기, 지구에 살고 있습니다. 아기가 음식을 쏟아 카펫을 엉망
으로 만들고, 암에 걸리고, 걸린 암이 낫지도 않고, 고통이 사라지
지 않는, 우리를 갉아먹는 배고픔과 입술이 바싹 마르는 갈증이 있
는 곳, 여기가 우리가 사는 곳입니다. 그리고 이곳이 주님이 우리
를 만나주시는 곳입니다. 성서도 예수 이야기를 통해 그렇게 이야
기해줍니다.

우리는 주님이 여기가 아닌 다른 곳, 어딘가 성스러운 땅에서
우리를 만나고 싶어 하신다고 착각합니다. 그린빌, 사우스캐롤라
이나, 시드니, 파고, 다코타 북부가 아닌, 즉 여기가 아닌 다른 곳,
오늘 아침 식사를 하는 이 식탁, 내가 다니는 교회가 아닌 다른 곳
에서 우리를 만나 주시리라 생각합니다.

영적인 황홀경을 경험하는 순간, 혹은 정상에 서는 경험, 감정

---

* 저자는 출처를 밝히지 않았지만 C. S. 루이스의 『순전한 기독교』Mere Christianity
   에 나오는 구절이다. 『순전한 기독교』(홍성사)

적으로 고양되고 종교적인 환상을 체험하는 곳에서라야 주님을 만나게 되리라고 우리는 영원히 오해합니다. 그렇기에 성지를 찾고, 유물을 숭배하고, 특별한 종교 체험을 찾아 어딘가로 떠나기도 하면서 우리는 거룩한 땅을 찾아 헤맵니다. 우리는 주님이 여기가 아닌 다른 곳, 우리가 아닌 다른 사람들과 계시리라는 환상을 품습니다.

하지만 예수가께서 우리를 만나주시겠다고 하신 곳은 어디입니까? 몸이 부서지고 피가 흐르는 곳, 평범한 빵과 일상에서 마시는 포도주, 보통 사람들, 평범한 친구들이 있는 이곳입니다. 주님은 여기에서 우리를 만나겠다고 하십니다. 엘리자베스 바렛 브라우닝 Elizabeth Barrett Browning의 「오로라 리」Aurora Leigh라는 시에 이런 구절이 있습니다.

> 땅은 천국으로 가득하며
> 모든 평범한 나뭇가지는 그분의 불로 타오르네.
> 그러나 신을 벗은 이만이 이를 보리니
> 남은 자들은 둘러앉아 산딸기를 수확하리.

물론 성사는 "내적이고 영적인 은총이 눈으로 볼 수 있게 드러난 징표"입니다. 하지만 이러한 정의도 여전히 다소간 신비롭고, 저 하늘 위나 먼 곳에서 일어나는 일처럼 들립니다. 성사에 대한 좀 더 나은 정의는 "주님이 자신을 내어주시는 사랑의 행위. 눈으로 볼 수 있는 물리적 활동" 정도가 아닐까요?

"말씀이 육신이 되어 우리 가운데 거하"(요 1:1)시기에 우리는 그리스도 안에서 자신을 내어주시는 주님의 사랑을 봅니다. 그리스도를 통해 우리는 거룩하신 아버지의 사랑을 눈으로 봅니다. 주님은 우리가 그분께 드릴 것이 없음을 아시고 자신을 우리에게 주십니다. 우리가 주님을 찾아내지 못함을 아시고 우리를 찾아오십니다. 우리의 힘으로 주님께 돌아갈 수 없음을 아시고 먼저 우리를 향하십니다. 그분은 말씀하십니다.

빵을 먹어라. 포도주를 마셔라. 이것이 너희를 살게 할 것이다.
이것은 너희를 먹일 내 몸이고 나의 피다.

이것이 바로 자신을 내어주는 사랑입니다. 성찬은 주님이 우리에게 하시는 일인 만큼이나 우리가 주님께 하는 일이기도 합니다. 사랑을 담은 선물이란 그런 것이지요.

상상해 봅시다. 당신은 온종일 걸었습니다. 돈은 다 떨어졌고 이틀을 굶어 배는 텅 비었습니다. 배가 너무 고파서 아무 생각도 나지 않습니다. 기운도 없어 머리가 어질어질합니다. 이때 친구가 당신을 발견하고 당신을 자신의 집에 들어오게 합니다. 따스한 음식, 푸짐한 수프, 집에서 구운 신선한 빵을 대접하며 먹으라고 권합니다. 친구가 "이 식사는 나를 내어주는 사랑의 행동이야"라고 애써 말하지 않더라도 당신은 그것이 친구의 사랑임을 알 것입니다.

당신은 그간 주님을 찾으려 애써 왔습니다. 하지만 고르는 길마다 막다른 골목이었습니다. 몇 번이고 이제 길을 찾았다고, 생명과 진리를 발견했다고 확신했지만 결국 실망하고 좌절했습니다. 기만 당했다는 생각이 들 뿐입니다. 선해지려고, 옳은 일을 하려고 애썼지만 하려던 선한 일은 하지 못했고, 가장 선한 뜻으로 한 일도 잘 못된 곳으로 흘러갔습니다. 저항하려 애쓰다가도 유혹에 굴복하곤 했습니다. 막다른 골목에 선 당신은 스스로가 쓸모없고 무가치한 존재라고, 희망은 없다고 생각합니다. 그때 한 친구가 당신에게 다가옵니다. 친구는 막다른 골목에 몰린 당신을 찾아냅니다. 그는 당신을 받아들이고 환대하며 안아줍니다.

친구는 당신을 안심시키고 계속 나아가라고 격려합니다. 그리고 그는 당신이 받아야 할 벌을 대신 받고, 당신이 진 빚을 대신 갚고, 당신을 대신해 죽습니다. 알다시피 여기에 굳이 "이것이 우정이고 자신을 내어주는 사랑의 행동"이라는 말을 붙일 필요는 없습니다.

이스라엘에서 음식은 언제나 주님이 주시는 선물이었습니다. 그래서 유대인들은 늘 음식 앞에서 감사 기도를 드렸습니다. 이스라엘의 주님은 광야에서 메추라기 고기를 주신 분이며(출 16), 바위에서 물을 내신 분입니다(출 17). 그렇게 주님은 선택받은 백성이 굶주려 죽지 않게 하셨습니다. 까마귀는 엘리야에게 음식을 가져다 주었습니다. 그렇게 주님은 용감무쌍한 당신의 예언자도 구해 주셨습니다(왕상 17:6).* 여기 "목마른 사람에게 물을 실컷 마시게

---

* "주님께서 엘리야에게 말씀하셨다. "이곳을 떠나서, 동쪽으로 가거라. 그리고 거기 요단강 동쪽에 있는 그릿 시냇가에 숨어서 지내며, 그 시냇물을 마

하시고 배고픈 사람에게 좋은 음식을 마음껏 먹게 해주"(시 107:9)
시는 주님이 계십니다. 음식이 풍성한 땅에서는 음식 그 자체가 가
장 기본적이고도 지속적인 사랑의 징표, 자신을 내어주시는 주님
의 사랑입니다. 우리는 음식이 사랑의 영원한 징표라는 사실을 잊
곤 합니다. 이런 우리를 향해 시편 기자는 말합니다.

주님의 선하심을 맛보아라. 그리고 보아라. (시 34:8)

만물이 모두 주님만을 바라보며 기다리니,

주님께서 때를 따라 그들에게 먹거리를 주신다.

주님께서는 손을 펴시어서,

살아 있는 피조물의 온갖 소원을 만족스럽게 이루어 주십니다.

(시 145:15~16)

예수께서는 이 땅에서 사역을 마치며 마지막으로 제자들과 함께
식사를 하셨습니다. 이처럼 단순하고도 평범한 경험, 식사하며 음
식을 함께 나누는 흔한 일이 예수의 생애와 예수가 한 일을 기억하
는 상징이 되었습니다. 이 얼마나 육신으로 오신 주님다운 일입니
까. 그리하여 다락방에서 나눈 마지막 식사뿐 아니라 예수가 제자

서라. 내가 까마귀에게 명하여서, 네게 먹을 것을 날라다 주게 하겠다." 엘
리야는 주님의 말씀대로 가서, 그대로 하였다. 그는 곧 가서, 요단강 앞에
있는 그릿 시냇가에 머물렀다. 까마귀들이 아침에도 빵과 고기를 그에게 가
져다주었고, 저녁에도 빵과 고기를 그에게 가져다주었다. 그리고 물은 그곳
시냇물을 마셨다." (왕상 17:2~6)

들과 함께 한 모든 식사가 그분이 우리와 함께하신다는 징표가 되었습니다. 예수는 제자들과 함께 활동하는 내내 "식탁에서 그들과 함께 식사"를 했습니다. 이야기, 설교, 십자가에서의 죽음과 부활, 성령을 선물로 주신 일까지... 그 모든 일을 통해 예수께서는 그들에게 자신을 내어주셨습니다. 제자들에게 아버지의 뜻을 행할 힘을 주시려고, 아버지의 친밀한 사랑을 얼마라도 경험하게 하시려고 그렇게 하셨습니다. 온 세대에 걸쳐 인류는 창조주에게 간청해 왔습니다. "말로만 하지 말고 보여주세요." 이에 하늘 아버지께서는 그리스도를 주셨습니다.

> 거룩하신 아버지께서는 옛날에는 예언자들을 통하여, 여러 번에 걸쳐 여러 가지 방법으로 우리 조상들에게 말씀하셨으나, 이 마지막 날에는 아들을 통하여 우리에게 말씀하셨습니다. 그분은 이 아들을 만물의 상속자로 세우셨습니다. 그를 통하여 온 세상을 지으신 것입니다. (히 1:1~2)

그리고 그리스도는 우리에게 자신을 내어주셨습니다.

> 주 예수께서 잡히시던 밤에, 빵을 들어서 감사를 드리신 다음에, 떼시고 말씀하셨습니다. "이것은 너희를 위하는 내 몸이다. 이것을 행하여 나를 기억하여라." 식후에, 잔도 이와 같이 하시고서, 말씀하셨습니다. "이 잔은 내 피로 세운 새 언약이다. 너희가 마실 때마다 이것을 행하여, 나를 기억하여라." (고전 11:23~25)

실재적 임재

> 내가 너희에게 명령한 모든 것을 그들에게 가르쳐 지키게 하여
> 라. 보아라, 내가 세상 끝날까지 항상 너희와 함께 있을 것이다.
>
> (마 28:20)

초창기에 교회는 그리스도의 이 약속에 근거해 부활하신 주님
이 우리 가운데 계신다고 단언했습니다. 성찬을 할 때 그리스도가
그 성찬에 어떻게 임하시는지를 설명하는 데 골몰한 것은 그 이후,
특히 중세에 일어난 일입니다. 복잡한 철학적 이론들(대표적으로는
화체설Transubstantiation)도 그리스도께서 식사에 임하실 때 어떻게 되
는지를 설명해보려 고안한 것입니다. (화체설에는 빵과 포도주의 겉모
습은 변하지 않더라도 빵과 포도주의 실체가 그리스도의 살과 피로 변한다는
고백이 담겨 있습니다.) 중세 교회는 사제가 제대 위에 있는 빵을 향
해 "이것은 내 몸이다"라고 말하는 순간 빵이 그리스도의 육체로
변하는 신비롭고도 기적적인 변화가 일어난다고 믿었습니다. 그리
스도가 빵과 포도주에 실제로 임한다는 이론은 애초에 성찬을 미
신적으로 오남용하는 것을 교정해 주려는 이론이었고 실제로 사람
들에게 도움이 되기도 했습니다. 하지만 결과적으로 이 이론으로
인해 교회는 분열되었습니다. 교회는 빵과 포도주의 본성, 그리스
도가 임하는 방식, 실제로 그 식사 중에 그리스도가 임하는 조건을
두고 견해를 달리하며 갈라졌습니다.

종교개혁가들은 교회에서 성찬(중세 때는 미사)을 할 때 신실한

마음과 생각을 가진 이들 중 다수가 성찬을 하다가 주님의 살과 피를 훼손하거나 혹여 신성모독을 하게 될까 두려워 성찬을 기피하기까지 하는 것에 난감해했습니다. 종교개혁가들은 그리스도께서 그곳에 임하신다고 단언하면서도 그 '임한다'는 의미에 담긴 역동성을 회복하려 노력했습니다.

다행히도 오늘날 개신교와 로마 가톨릭 교회는 오랜 논쟁을 뒤로하고 그리스도의 임재에 대해 많은 부분 의견의 일치를 보게 되었습니다. 빵과 포도주에 그리스도께서 임하시는 수단과 방식, 자신을 내어주시는 사랑의 방식은 신비로 남더라도 분명 그분은 실제로 임하시며 이 성사를 통해 주님께서 우리와 함께하신다고 교회가 공히 단언한 것입니다.

불행히도 어떤 개신교인들은 화체설을 믿지 않는다는 말을 성찬에 그리스도께서 실제로 임하신다는 것을 믿지 않는다는 뜻으로 오해합니다. 하지만 성찬에 그리스도가 '실제로' 임하는 것이 아니라면 성찬은 그저 그리스도의 실재적 임재가 아닌, 그리스도의 실질적 부재를 기념하는 것, 혹은 그보다 조금 나은 무엇이 되고 맙니다. 이는 그리스도교 전통에 반할 뿐만 아니라 성서의 증언과도 맞지 않습니다.

빵과 포도주가 기적적으로, 물리적으로 변해서 그리스도께서 제대 위에 앉아 있다고 믿지는 않더라도, 언제 어떻게 임하시는지 적시하지는 못해도, 우리는 성찬 때 그리스도께서 식탁에 모인 이들과 함께하심을 분명하게 믿습니다. 이는 증명되는 것이 아니라 경험되는 것입니다. 우리 모두를 위해 성찬 가운데 임하시는 그리스도의 신비에 관해 칼뱅은 말했습니다. "나는 이를 이해하기보다 경험한다."

저는 여러분이 이미 그러한 임재를 경험했다고 생각합니다. 아무 기대 없이 억지로, 아무것도 바라지 않은 상태로 예배하는 곳에 왔다가 그분의 임재에 허를 찔린 일이 허다하지 않으신가요? 마지못해 런던 올더스게이트 거리를 걷던 존 웨슬리John Wesley가 예기치 않게 주님을 만났듯, 우리는 때로 예기치 못하게 그분과 만나고 그분의 현존에 놀랍니다. 별 기대 없이, 혼자라고 생각하며 모임에 나오지만 주님은 이미 그곳에 와 우리를 기다리시고, 우리와의 만남을 기대하시며, 우리를 쫓아오기까지 하신다는 것을 발견합니다.

제가 이렇게 말하는 것은 제게도 주님의 임재가 달갑지 않은 때가 종종 있었기 때문입니다. 주님을 만나기를 원하는 만큼이나 저는 주님을 피하고 싶었습니다. 하지만 주님은 우리와 함께하십니다. 밥을 먹으려 앉아 있는 그곳에, 소탈한 주일 교제를 하는 곳, 격식을 차려 이야기를 나누는 그 자리에 주님이 찾아오십니다. 그 임재를 알아채기도 전에 우리 눈에는 눈물이 흐르고 벌거벗은 몸으로 진리 앞에 서게 됩니다. 무의미한 잡담들을 꿰뚫고 들어오는 목소리가 들리고, 우리 안에 있는 사막에 바람이 휘몰아칩니다. 그리고 우리는 혼자가 아니라는 것을 알게 됩니다.

개신교 역시 주의 만찬에 그리스도가 실제로 임한다는 사실을 믿습니다. 빵과 포도주, 식탁에서 나누는 대화와 친교가 우리를 주님께 가까이 데려다준다고 믿습니다. 찰스 웨슬리Charles Wesley가 성찬 때를 위해 만든 찬송 하나를 봅시다.

> 거룩한 사랑의 깊이여. 헤아릴 수 없는 은총이여.
> 주님께서 빵과 포도주를 통해
> 어찌 인간에게 가시는지 말할 수 있는 이 누구랴.
> 빵이 어찌 그의 몸을 전하며 포도주가 어찌 그의 피를 전하는지
> 어찌 그분의 생명이 신실한 백성들의 가슴을 채우시는지
> 그 은총은 확고한 실재이나 어찌 그리되는지는 알 수 없네.
> 주님은 당신이 정하신 길을 통해서만 우리를 만나주시며
> 우리가 하나를 이루어 완전케 하시네.
> 하늘의 권능을 맛보세. 더는 바랄 것 없어라.
> 당신께 은총이. 당신만이 경이와 흠모를 받으실 만한 분. 아멘.

그리스도의 임재를 특정 시공간에 한정하려 할 때 교회는 실수를 범하게 됩니다. 주님은 언제 임재하실까요? 빵을 뗄 때? 아니면 "이것은 내 몸이다"라고 집전자가 말할 때? 축사할 때? 잔을 건넬 때? 아니면 그중 어떤 순간에 주님이 더 강하게 임하실까요? 글쎄요. 물론 주님은 지금 이곳에 우리와 함께하십니다. 시간과 공간의 언어로는 그렇게 말할 수 있습니다. 하지만 가장 중요한 사실은 그리스도께서 인격으로 우리와 함께하신다는 것입니다.

실재적 임재란 인격적 임재를 말합니다.[2] 친구와 함께 있다는

---

[2] 실재적 임재와 관련해 다음 책의 도움을 받았습니다. Edward Schillebeeckx, *Christ: The Sacrament of the Encounter with God* (New York: Sheed and Ward, 1968)

것은 지금 여기에 친구의 몸이 있다는 뜻 이상입니다. 그는 '나를 위해' 여기에 있습니다. 사랑하며, 사랑받는 이로 여기에 있습니다. 때로 친구는 시공을 넘어 나와 함께 있기도 합니다.

이를테면 우리는 통화를 할 때 친구와 같은 공간에 있지 않아도 함께 있습니다. 뒤죽박죽인 서랍을 뒤지다 오래전 친구와 겨울 여행 중 찍은 낡은 사진을 발견할 때 불현듯 저는 친구가 제 곁에 '인격적으로' 함께 있음을 경험합니다. '지금, 여기'에 친구가 있는 것은 아니지만 우리는 여전히 함께입니다. 우리는 이처럼 시간과 공간의 한계를 넘어 깊이, 감동적으로 만날 수 있으며 이러한 인격적 임재는 거룩한 식탁에서 우리가 서로 거룩한 친교를 나누는 경험과 이어집니다.

그러니 우리는 성찬을 하는 그 시간과 그 공간에만 그리스도께서 임하신다고 여기는 생각, 그분의 임재를 그렇게 제한하려는 시도를 경계해야 합니다. 일상에서의 '임재' 경험은 우리에게 이를 경고해 줍니다. 그렇다고 그리스도께서 모든 곳에 공기처럼 '영적'으로 흩어져 계신다는 말도 아닙니다. 주님의 임재란 그런 것이 아닙니다. 사랑하는 누군가와 함께 앉아 있는 일이 공기 속에 앉아 있는것, 추상적인 사랑의 개념과 함께인 것일 수는 없습니다. 친구가 곁에 있다는 것은 구체적이고 물질적인 친구의 몸이 곁에 있다는 뜻입니다. 친구를 사랑하기는 하지만 친구의 뚜렷한 개성은 빼고, 몸으로 함께 있는 것은 좋아하지 않으면서 친구를 사랑할 수는 없습니다. 친구가 함께 있다는 것은 정말 함께 있다는 뜻입니다. 그와의 우정이라는 것이 그저 우정에 관한 추상적이고 고결한 사유에서 그칠 수는 없습니다.

그리스도께서는 분명 이 세계 속에 임하시며 언제 어디서나 함께하십니다. 하지만 그분은 특히 거룩한 친교를 맺는 가운데 친밀하게 임하십니다. 범신론자들이 말하듯 창조주께서 모든 바위, 나무, 숲속 작은 빈터에 임한다면 주님이 어디에나 계신다는 이야기는 사실상 아무 의미가 없어질 것입니다. 그것은 그리스도가 추상적으로, 공기처럼 존재한다는 말일 테니까요. 우리는 산소가 우리와 함께 있다고 말하지는 않습니다. 산소는 언제나 그곳에 있고 부유하고 있기에 산소의 '임재'에 특별히 주목할 필요가 없는 것입니다.

우리는 주님이 언제나 어디에나 편재하신다고 믿지만, 그것을 믿느라 주님의 특별한 임재를 경험하는 일을 등한시하면 안 됩니다. 편재 교리를 믿다가 그 교리에 잡아먹히지 않는 것이 중요합니다. 우리는 추상적이고 일반적인 신神 개념을 믿는 것이 아닙니다. 우리는 아브라함과 이삭과 야곱의 주님을 사랑합니다. 나사렛에 오신 그분을 만납니다. 일반적이고 특정할 수 없는 영이 아니라 성령을 통해 그분을 만납니다.

그리스도의 편재는 무수히 구체적인 임재들을 가리키지 않고서 말할 수 없습니다. 거부할 수 없이 강렬하게 우리에게 다가오셨던 특별한 순간, 그 구체적인 시간과 장소에서의 경험 없이 그분의 편재를 경험할 수는 없습니다. 방주나 성전 혹은 지성소 같은 곳을 찾는 것, 그러니까 주님을 경험할 수 있는 특정한 장소를 찾는 마음은 인간의 본능적인 욕구 중 하나입니다. 친구가 직접 찾아올 때, 친구의 편지를 읽을 때, 테니스 라켓을 집어 드는데 불현듯 그 라켓을 선물해준 친구가 떠오를 때 친구는 나와 함께 있습니다. 구체적인 이름, 구체적인 얼굴, 구체적인 성격을 지닌 친구와 함께인 것입니다. 몸을 입지 않은, 개념이나 의미만 있는 친구는 있을 수 없습니다. 그렇기에 우리는 성서, 빵, 포도주, 물, 교회 같은 구체적인 것들을 지정해 그리스도의 임재를 보다 선명하게 경험할 촉매로, 표식으로 삼습니다. 주님께서 직접 이에 비추어 주님을 만나도록 초대하셨습니다. 성찬에 임하시는 그리스도에 대해서 우리는 이렇게 말할 수 있습니다. 제2차 바티칸 공의회에서는 이를 이렇게 표현했습니다.

> 그리스도께서는 언제나 교회에, 특별히 전례 행위 안에 계신다. 그리스도께서는 성찬 가운데 임하신다. … 특히 성체의 형상들 아래 현존하신다. 당신 능력으로 성사들에 현존하시니 누군가가 세례를 준다면 그리스도께서 친히 세례를 주시는 것이다. 그분은 당신의 말씀에 현존하시기에 누군가 교회에서 성경을 읽을 때 친히 말씀하신다. 끝으로 교회가 기도하고 찬양할 때 "두 사람이나 세 사람이라도 내 이름으로 모인 곳에는 나도 함께 있겠다"(마 18:20)고 약속하신 바로 그분이 함께하신다. 참으로 거룩한 아버지께서 완전한 영광을 받으시고 사람들이 거룩하게 되는 이 위대한 활동이 이루어질 때 그리스도는 언제나 교회와 함께하신다.[3]

---

3 'Constitution on the Sacred Liturgy', *The Documents of Vatican II* (New York: Corpus Books, 1966), 140~141. 『제2차 바티칸 공의회 문헌』(한국천주교중앙협의회)

레오 1세Leo the great는 성찬에서 빵은 우리 가운데 그리스도께서 계심을 "뚜렷하게 만든다"고 말한 바 있습니다. 그 빵과 포도주가 없다면, 회중의 모임과 기도, 설교와 먹고 마시는 일이 없다면 우리는 그분의 임재를 보지 못할 것입니다. 하지만 우리를 향한 그 모든 사랑의 선물이 여기에 있고, 그리스도 역시 우리와 함께 계십니다. 어떻게 그렇게 됩니까? 모릅니다. 그렇다는 것을 알 뿐이지요. 그처럼 친밀한 사랑은 언제나 신비로 남기 마련입니다. 찰스 웨슬리는 썼습니다.

> 분명하고도 실재하는 은총
> 수단은 알려지지 않았네
> 은총을 받으소서.
> 오직 우리를 위해 베풀어 주셨으니
> 우리는 경이로워하며 흠모할 뿐이네.

자신을 내어주시는 주님

배반으로 죽음에 넘겨지던 그 밤도 예수는 늘 하시던 대로 빵을 들어 축복하시고 이를 떼어 제자들에게 나누어주셨습니다. 그가 빵을 축복하셨습니다. 창조주께서 주신 모든 선물 중에서도 가장 기본이 되는 선물, 인간이 만든 것 중에서도 가장 기본적인 것 중 하나인 빵을 축복하셨습니다.

빵이 있기 전에 씨앗이 있었습니다. 수천 개의 씨앗이 산비탈에 흩뿌려졌을 것입니다. 누군가가 밭을 경작했을 테고 때때로 비도 내렸을 것입니다. 밀이 다 자라기까지 누군가가 비료를 주고 땅을 기경하고 또 잘 길렀겠지요. 그렇게 자라난 밀을 수확해 누군가가 분쇄하여 밀가루로 만듭니다. 또 누군가는 그 밀가루를 가져다 쇼트닝, 소금, 이스트, 우유를 넣습니다. 이제 밀가루는 주물러져 반죽이 됩니다. 반죽을 치대 덩어리 모양으로 빚으면 적절한 온도에서 부풀어 오릅니다. 그렇게 하나의 빵이 구워집니다.

흙과 농부, 씨 뿌리는 사람, 방앗간 주인, 빵 굽는 사람, 이 모든 세속적인 것, 상업적인 것, 우리의 매일을 이루는 일상적이고 잡다한 것들을 예수께서 축복하셨습니다. 이는 그리스도께서 이 모두를 "거룩한 아버지께서 자신을 내어주시는 사랑"의 일부라 주장하셨다는 뜻입니다. 그렇게 그 모든 것은 성사가 됩니다. 그 축복 이후 우리는 다시는 곡식을 심은 들판도, 제대에 놓인 빵도, 아침 식사 중에 먹는 빵 한 조각도 무심한 시선으로 볼 수 없습니다.

그 모든 물질에, 그 모든 노동에, 이 모두를 나누는 가운데, 우리 가운데 주님이 계십니다. 주님의 식탁에 오른 빵은 이 모든 축복의 일부입니다. 예수께서 말씀하십니다.

이것은 너희를 위하는 내 몸이다. (고전 11:24)

이 모든 것이 우리를 위한 것입니다. 그분은 빵을 들어 축복하셨습니다. 그렇게 우리도 축복을 받습니다.

정리해 보기

◇ _____은 _____이 가리키는 대상을 투명하게 반영
합니다. _____은 실재를 환기하며 실재를 열어 우리에
게 보여주어서 그것을 우리가 감지하기 쉽게 해줍니다.
(42쪽)

◇ _____은 창조주께서 우리가 피조물이라는 사실을
결코 잊지 않으시기에 피조 세계에 속한 것들로 우리를
사랑하신다고 말했습니다. (43쪽)

◇ 주님의 사랑은 눈에 보이는, 손으로 만질 수 있는, 구체적
이며 육체적이고 물질적인 사랑이었습니다. 이러한 맥락
에서 성 아우구스티누스는 그리스도를 _____라 불렀습
니다. (44쪽)

◇ 장 칼뱅은 우리 모두를 위해 성찬 가운데 임하시는 그
리스도의 신비에 관해 _____라 말했습니다.
(52쪽)

◇ _____가 말하듯 창조주께서 모든 바위, 나무, 숲속 작
은 빈터에 임한다면 주님이 어디에나 계신다는 이야기는
사실상 아무 의미가 없어질 것입니다. (56쪽)

생각해 보기

◇ 이 장을 읽기 전 생각했던 그 물건과 의미를 생각하며 이

장에서 논의한 내용을 곱씹어봅시다.

◇ 성사(성례전이라고도 하며 세례와 성찬이 대표적인 성사입니다)
가 가지는 의미에 대해 생각해본 적이 있습니까?

◇ 기억에 남는 성사의 순간이 있었나요? 있었다면 그때 어
떤 느낌이었는지, 무슨 생각을 했는지 나누어봅시다.

읽기 전 생각해 보기

- 잔치에 초대받은 경험을 생각해봅시다.

제3장

잔치를 시작하다

예수께서 이 첫 번 표징을 갈릴리 가나에서 행하여
자기의 영광을 드러내시니, 그의 제자들이 그를 믿게 되었다.

- 요한복음 2장 11절 -

물이 포도주로 변하다

바리새인들은 주로 먹는 문제를 두고("저 사람은 마구 먹어대는 자
요, 포도주를 마시는 자"(마 11:18~19)) 예수를 비판했습니다. 요한에 따
르면 예수의 활동이 본격적으로 시작된 곳도 어느 결혼식 피로연
자리였습니다. 요한은 다른 모든 기적을 두고 물이 포도주로 변한
기적을, 다른 모든 자리를 두고 잔치 자리를 시작으로 선택했습니
다. 이보다 더 좋은 시작이 수천 개는 있어 보이는데 말입니다. (마

가처럼) 치유 사건에서 시작하거나 (누가처럼) 취임 설교에서 시작할 수도 있을 테고, 그게 아니더라도 술보다는 좋은 것을 만들어내실 수 있지 않습니까? 사람들이 진탕 취해서 잔치를 이어갈 수 있도록 해주는 일, 100리터가 넘는 물을 신속하게 발효시켜주는 일보다는 좀 더 고상한 기적을 행하셨어야 하는 것 아닐까요? 실로 경박하고 쓸모없고 무가치한 기적이 아닙니까?

혼인 잔치의 흥이 떨어지고 포도주도 거의 떨어져 갈 즈음 한 취객이 예수에게 다가왔고, 그들이 예수의 지시를 따르자 물이 포도주가 되었습니다. 요한은 이를 두고 "그의 영광을 드러내었다"(요 2:11)고 말합니다만 여기에 무슨 영광이 있습니까? 청교도의 후예로서 저는 알고 싶은 것입니다.

음식이라는 선물

창세기에 따르면, 태초에 창조주는 인류에게 음식을 주셨습니다(창 1:29~30, 2:16 참조).*

이 모든 피조물이 주님만 바라보며,

때를 따라서 먹이 주시기를 기다립니다.

주님께서 그들에게 먹이를 주시면, 그들은 받아먹고,

---

* "주님께서 말씀하시기를 '내가 온 땅 위에 있는 씨 맺는 모든 채소와 씨 있는 열매를 맺는 모든 나무를 너희에게 준다. 이것들이 너희의 먹거리가 될 것이다. 또 땅의 모든 짐승과 공중의 모든 새와 땅 위에 사는 모든 것, 곧 생명을 지닌 모든 것에게도 모든 푸른 풀을 먹거리로 준다' 하시니, 그대로 되었다." (창 1:29~30) "주님이 사람에게 명하셨다. '동산에 있는 모든 나무의 열매는, 네가 먹고 싶은 대로 먹어라.'" (창 2:16)

주님께서 손을 펴 먹을 것을 주시면

그들은 만족해합니다. (시 104:27~28)

전도서 기자는 "잔치는 기뻐하려고 벌이는 것이다. 포도주는 인생을 즐겁게 하고"(전 10:19)라며 음식이라는 선물을 기뻐합니다. 이 거룩한 선물은 우리 생명을 지탱할 뿐 아니라 삶에 기쁨을 줍니다.

사람에게는 먹는 것과 마시는 것,

자기가 하는 수고에서 스스로 보람을 느끼는 것,

이보다 더 좋은 것은 없다.

알고 보니, 이것도 주님이 주시는 것,

그분께서 주시지 않고서야, 누가 먹을 수 있으며,

누가 즐길 수 있겠는가? (전 2:24~25)

음식은 권리가 아니라 은총입니다. "주님이 주시는 것", 인류에게 주님이 주신 선물입니다.

복음서는 예수를 음식과 음료를 주는 분으로 묘사합니다. 가나의 혼인 잔치, 물고기를 잡게 해주신 기적(눅 5:1~11), 군중을 먹이신 일(눅 9:10~17를 포함해 모든 복음서에 나옵니다), 제자들과 식사를 한 일까지(요한복음 21장), 예수의 식탁은 하나같이 중요한 사건, 기적이 일어나는 장소였습니다. 여기서는 이 중 몇몇 식사를 살펴보려 합니다.

물론 주님께서 주시는 여느 선물이 그렇듯 음식이라는 선물도 오남용될 수 있습니다. 사실 우리 현대인들은 음식이 때로 파괴적이고 위험하며 사악하기까지 하다는 사실을 잘 압니다. 알코올 중독과 비만이 현대인의 대표적인 건강 문제로 꼽힐 정도이니까요. 성性이라는 선물이 그렇듯 음식과 음료라는 선물 역시 무책임하게 쓰일 수 있습니다. 이들은 성스러워질 수 있는 만큼이나 손쉽게 파괴적인 것이 될 수 있습니다. 나이트로글리세린이 폭탄의 원료가 되어 다리를 날려 버릴 수도, 약의 원료가 되어 협심증을 치료할 수도 있듯 음식과 음료 역시 우리를 살릴 수도, 우리를 파괴할 수도 있습니다. 성서는 이러한 음식의 양면성을 잘 알고 있습니다. 시편 기자는 "사람의 마음을 즐겁게 하는 포도주를 주"(시 104:15)시는 주님을 찬양하지만 예언자는 "포도주는 사람을 속일 뿐"(합 2:5)이라고 이야기합니다. 잠언 기자는 포도주가 "사람을 거만하게 만들고", "소란스럽게" 한다고 이야기합니다(잠 20:1). 방주에서 내린 노아는 "처음으로 밭을 가는 사람"이 됩니다. 농사를 지어 신성한 창조성과 생산성을 발휘하는 최초의 인간이 된 것입니다. 하지만 농부 노아는 포도밭을 가꾸다 술에 취해 벌거벗어 수치를 당한 최초의 인간이기도 합니다(창 9:20~25).

배가 터지도록 먹고 "세상에 왜 이렇게 많이 먹었지" 중얼거리며 더부룩한 배를 부여잡고 뒤척이는 것이 무엇인지를 모르는 분이라면 노아에게 일어난 일을 이해하지 못할 수도 있습니다. 하지만 입에 물릴 정도로 폭식을 하거나 머리가 어지러워 휘청댈 정도로 술을 마셔 보면 음식과 음료가 지닌 양면성을 분명히 알게 됩니다. 예수는 자신을 따르는 이들에게 "나를 기억하여 이(먹고 마시는 일)를 행하라"고 명하셨지만 초대교회의 성찬에서도 폭식과 폭음은 문제가 되었습니다(고전 11:21, 유 12:2, 벤후 2:13).* 바울은 교회에 "우리 주 그리스도를 섬기는 것이 아니라, 자기네 배(식욕)를 섬기"(롬 16:18)는 이들이 있다고, 그들은 "배를 자기네 주님"(빌 3:19)으로 섬기고 있다고 지적합니다. 상황이 이랬으니 일부 사람들이 음식과 음료의 양면성을 금욕주의나 극기로 극복하려 애쓴 것도 그리 놀랄 일은 아닙니다. 그들은 음식과 음료를 삼감으로써 오남용이라는 죄를 피할 수 있으리라 여겼습니다. 그렇게 금식은 초대교회에서 뜨거운 논쟁거리가 되었습니다.

구약에서 금식은 참회의 징표였습니다. 잔치가 축제와 기쁨의 징표라면 금식은 비탄과 애도의 징표였습니다. 사울이 죽자 온 나라가 금식을 했습니다(삼상 31:13). 때때로 금식을 할 때는 상복을 입고 재를 뒤집어쓰기도 했습니다. 속죄의 날, 이스라엘이 죄를 고백하는 날에는 온 민족이 금식했습니다. 그러나 예언자들은 의로운 일을 금식으로 대체하려는 경향을 규탄했습니다. 오늘날에도 금식과 같은 종교적 행위는 사랑을 실천하는 삶을 회피하는 수단이 되기도 합니다.

---

* "먹을 때에, 사람마다 제가끔 자기 저녁을 먼저 먹으므로, 어떤 사람은 배가 고프고, 어떤 사람은 술에 취합니다." (고전 11:21)
"이 사람들은 함께 먹을 때에 자기 배만 불리면서 겁 없이 먹어대므로, 여러분의 애찬을 망치는 암초입니다. ..." (유 1:12)
"그들은 자기들이 저지른 불의의 값으로 해를 당합니다. 그들은 대낮에 흥청대면서 먹고 마시는 것을 낙으로 생각합니다. 그들은 티와 흠투성이 인간들입니다. 그들은 여러분과 연회를 즐길 때도, 자기들의 속임수를 꾀하고 있습니다." (벤후 2:13)

이것이 어찌 내가 기뻐하는 금식이겠느냐?

이것이 어찌 사람이 통회하며 괴로워하는 날이 되겠느냐?

머리를 갈대처럼 숙이고

굵은 베와 재를 깔고 앉는다고 해서

어찌 이것을 금식이라고 하겠으며,

주님께서 너희를 기쁘게 반기실 날이라고 할 수 있겠느냐?

"내가 기뻐하는 금식은, 부당한 결박을 풀어주는 것,

멍에의 줄을 끌러 주는 것, 압제받는 사람을 놓아주는 것,

모든 멍에를 꺾어 버리는 것, 바로 이런 것들이 아니냐?"

또한 굶주린 사람에게 너의 먹거리를 나누어 주는 것,

떠도는 불쌍한 사람을

집에 맞아들이는 것이 아니겠느냐? (사 58:5~7)

예수께서도 광야로 나아가 금식하셨습니다(마 4:1).* 유대인들은 거룩한 비전을 받아들이기 위한 준비를 할 때 금식을 하곤 했고, 예수의 금식도 이러한 유대 관습을 반영한 행위였을 것입니다. 유월절 식사 후 죽음을 앞에 두고 예수는 또 한 번 금식하셨습니다(눅 22:16).**

초대 그리스도인 중에는 고기를 먹지도, 포도주를 마시지도 않

---

* "… 예수께서 성령에 이끌려 광야로 가셔서, 악마에게 시험을 받으셨다. 예수께서 밤낮 사십 일을 금식하시니, 시장하셨다." (마 4:1~2)

** "내가 너희에게 말한다. 유월절이 하나님의 나라에서 이루어질 때까지, 나는 다시는 유월절 음식을 먹지 않을 것이다." (눅 22:16)

는 이들이 있었습니다(롬 14:2).* 이들은 아마 결혼을 하지 않고(고전 7:25) 사유재산을 소유하지 않는(마 10:9, 행 2:44) 금욕주의자들과 같은 부류였을 것입니다. 바울은 이러한 관행과 그 관행이 그리스도의 몸(교회)에 미치는 영향에 골머리를 앓았습니다.

교회에 금식하는 이들이 나오면서 (바울의 표현을 빌리면) "강한 사람"과 "약한 사람" 사이에 갈등이 생겼습니다. 바울이 모든 음식을 감사하며 자유롭게 먹고 마시는 이들을 "강한 사람"이라고 부른다는 점에 주목합시다. 바울에 따르면 채식을 하고 금주하는 이들은 "약한 사람"입니다. 이 "강한 사람"과 "약한 사람" 사이에 갈등이 일어났습니다. 로마 교회에서는 "생각을 시빗거리"(롬 14:1) 삼아 서로를 경멸하고 정죄하는 사건도 있었습니다(롬 14:3,4,10,13). 바울은 이들을 향해 "형제자매 앞에 장애물이나 걸림돌"(롬 14:13)을 놓았다고 고발했습니다. 그들은 심지어 주님의 식탁에서 서로 환대하는 것을 거부하기까지 했습니다(롬 14:1, 15:7).

왜 바울은 채식하고 금주하는 이들을 "신앙이 약한 사람들"이라고 규정했을까요? 바울은 이들이 "주님을 위하여", 그분께 감사하는 마음에서 절제하고 있다고 보았습니다(롬 14:6).** 아마 이들은 영적인 점수를 따기 위해서라기보다 순결을 위해 절제를 실천했던

---

* "어떤 사람은 모든 것을 다 먹을 수 있다고 생각하지만, 믿음이 약한 사람은 채소만 먹습니다." (롬 14:2)

** "어떤 날을 더 존중히 여기는 사람도 주님을 위하여 그렇게 하는 것이요, 먹는 사람도 주님을 위하여 먹으며, 먹을 때에 주님께 감사를 드립니다. 그리고 먹지 않는 사람도 주님을 위하여 먹지 않으며, 또한 주님께 감사를 드립니다." (롬 14:6)

것 같습니다. 세상의 염려에서 자유로워지고 싶고 이방인의 관행이나 이방인들의 음식과 접촉하다 오염되지 않도록 자신을 지키고 싶었던 것입니다. 그래서 이들은 세심하고도 신중하게 세상에 있는 음식을 정결한 것과 불결한 것으로 구분하며 금욕했습니다. 그런데 바울이 이 태도를 질타합니다.

> 성령께서 환히 말씀하십니다. 마지막 때에, 어떤 사람들은 믿음에서 떠나, 속이는 영과 악마의 교훈을 따를 것입니다. 그러한 교훈은, 그 양심에 낙인이 찍힌 거짓말쟁이의 속임수에서 나오는 것입니다. 이런 자들은 혼인을 금하고, 어떤 음식물을 먹지 말라고 할 것입니다. 그러나 그 음식물은, 주님께서, 믿는 사람과 진리를 아는 사람이 감사하는 마음으로 먹게 하시려고 만드신 것입니다. 거룩하신 창조주께서 지으신 것은 모두 다 좋은 것이요, 감사하는 마음으로 받으면, 버릴 것이 하나도 없습니다. (딤전 4:1~4)

영지주의자gnostics들은 이 세계가 영혼과 육체, 선과 악, 빛과 어둠 등 둘로 나뉘어 있다고 믿었습니다. 음식 역시 정한 음식과 부정한 음식으로 나뉜다고 보았기에 이들은 자신들이 불결하다고 여기는 음식을 먹는 일에 강하게 저항했습니다.

　유대인이었던 베드로도 대대로 '불결'하다고 배워온 음식을 어떻게 대해야 하느냐는 문제로 고심했습니다. 그가 욥바에 있을 때였습니다. 베드로는 정오 무렵 친구의 집 지붕에 올라 기도하다가 환상을 보았습니다. (당시 배가 고팠던 그는 환상에서도 음식을 봅니다.) 하늘에서 큰 보자기 같은 그릇이 내려오더니 한 목소리가 말합니다. "베드로야. 일어나서 잡아먹어라." 그 안에는 온갖 동물들이 들어있었고, 모범적인 유대인이었던 베드로는 거절합니다. "주님, 절대로 그럴 수 없습니다. 저는 속되고 불결한 것은 한 번도 먹은 일이 없습니다." 이에 다시 목소리가 말합니다. "창조주께서 깨끗하게 하신 것을 속되고 불결하다고 하지 말아라." 베드로는 처음에는 그 말이 무슨 뜻인지 몰라 궁금해했지만 이내 알게 됩니다. 로마의 백부장인 고넬료가 베드로를 찾아왔기 때문입니다. 베드로는 주님이 보내셨다고 여기고 그와 함께 저녁 식사를 합니다. 그 식사 자리에서 이방인 고넬료는 예수에 관해 듣고 그 자리에서 베드로에게 세례를 요청합니다. 베드로는 요청을 받아들이며 말합니다.

> 나는 참으로, 주님께서는 사람을 외모로 가리지 아니하시는 분이시고, 당신을 두려워하며 의를 행하는 사람은 그가 어느 민족에 속하여 있든지 다 받아주신다는 것을 깨달았습니다. (행 10:34~35)

베드로가 예루살렘에 돌아오자 할례파가 그를 공격했습니다. "어째서 이방인들에게 찾아가 그들과 식사를 한 거요? 왜 "불결한 사람"과 "불결한 음식"을 나누어 먹었소? 왜, 어째서 올바르게 구별하지 못한 거요?"(행 11:3) 교리와 관습을 벗어난 식사에 대해 베드로는 이렇게 변호했습니다.

성령이 내게 의심하지 말고 그들과 함께 가라고 하셨습니다.

(행 11:12)

디모데전서 기자는 음식을 이원화하는 태도에 맞서며, 모든 음식은 창조주께서 주시는 선물이므로 감사히 받아야 한다고 강조했습니다. 또한 마가는 기록합니다.

예수께서는 … 모든 음식은 깨끗하다고 하셨다. (막 7:19)

베드로가 깨달았듯 그리스도의 구원 활동으로 그리스도교 요리책에서 깨끗한 음식과 불결한 음식이라는 단어는 삭제되었습니다. "강한 사람"은 모든 음식이 주님께서 주신 선한 선물이기에 감사로 받아 즐길 수 있음을 아는 이들입니다. 세상과 접촉하지 않는 방식으로 자신을 정화하려 했던 금욕주의는 수도원 운동으로 이어졌습니다. 이러한 흐름은 현실도피, 정적주의quietisism, 율법주의, 공로주의라는 (때때로 정당한) 비판을 받기도 했습니다.

음식과 관련해 바울의 핵심 조언은 감사함으로 음식을 받으라는 것입니다. 음식을 놓은 식탁에서 우리가 축사하고 감사 기도를 하는 것은 곧 고기와 음료를 주님께서 주시는 선물로 받아들인다는 뜻입니다. 그렇게 우리의 먹고 마시는 일은 성스러운 맥락에 놓이고 우리의 식사는 예배로 변합니다. 전통적으로 성찬을 할 때 성직자는 빵과 포도주를 들고 사람들을 초대하며 이렇게 말합니다.

이는 주님의 백성을 위한 그분의 선물입니다.

그리스도인들에게는 주님께서 주시는 모든 선물(물고기와 새, 우상에게 바쳤던 고기, 달팽이, 휘핑크림을 얹은 초콜릿 음료, 스파게티, 돼지고기)을 먹을 자유가 있다고 바울은 이야기합니다. 하지만 때에 따라 "약한 사람"을 고려해 "강한 사람"은 자신의 자유를 제한해야 합니다. 마음껏 먹고 마시는 우리의 기쁜 자유가 형제자매를 걸려 넘어지게 해서는 안 되기 때문입니다(고전 8:13).* 이 자유를 제한하는 단 한 가지 이유는 사랑입니다.

"모든 것이 다 허용된다"고 사람들은 말하지만, 모든 것이 다 유익한 것은 아닙니다. "모든 것이 다 허용된다"고 사람들은 말하지만, 모든 것이 다 덕을 세우는 것은 아닙니다. 아무도 자기의 유익을 추구하지 말고, 남의 유익을 추구하십시오. 시장에서 파는 것은, 양심을 위한다고 하여 그 출처를 묻지 말고, 무엇이든지 다 먹으십시오. 그러므로 여러분은 먹든지 마시든지, 무슨 일을 하든지, 모든 것을 주님의 영광을 위하여 하십시오.

(고전 10:23~25,31)

그리스도인의 여느 실천이 그렇듯 "약한" 형제자매를 위해, 그들

---

* "음식이 내 형제를 걸어서 넘어지게 하는 것이라면, 그가 걸려서 넘어지지 않게 하기 위해서, 나는 평생 고기를 먹지 않겠습니다." (고전 8:13)

을 해치지 않기 위해 우리는 먹고 마시는 자유를 자발적으로 제한합니다.

잠시 "강한 사람"과 "약한 사람"이 누구인지 좀 더 살펴보겠습니다. 우리는 종종 이 둘을 성서와는 다른 의미로 매우 기묘하게 사용하기 때문입니다. 어린 시절 제가 다닌 교회에서도 종종 술을 마셔서는 안 된다는 이야기를 들을 수 있었습니다. 대강의 논지는 이랬습니다. "물론 여러분은 결코 알코올 중독자가 되지 않을 것입니다. 하지만 여러분이 술을 마시는 것을 보고 어떤 약한 사람들은 술을 마시게 되어 알코올 중독자가 될 수도 있지 않겠습니까?" 하지만 이 말은 다소 이상합니다. 신약성서에서 "약한 사람"은 쾌락을 누리는 사람이 아니라 욕구를 절제하는 이들을 가리키는 말이니까요. 언젠가 저는 한 알코올 중독자와 오래도록 씨름을 한 적이 있습니다. 그 일이 있고 나서, 저는 익명의 알코올 중독자 모임 Alcoholics Anonymous의 지도자를 만나 그리스도교 신앙이 알코올 중독을 극복하는 데 얼마나 도움이 되느냐고 물었습니다. 그는 답했습니다.

대부분 도움이 되기보다는 해가 됩니다. 대다수 교회가 가르치는 윤리가 그렇습니다. 알코올 중독자 친구들의 90%는 "저는 반듯한 그리스도교 가정에서 자랐습니다"라는 말로 자기 이야기를 시작합니다. 대다수 그리스도인이 술을 선과 악, 죄와 거룩함을 가르는 기준선으로 여깁니다. 술을 먹는 것과 안 먹는 것 중 어느 쪽이 '선'일지는 짐작할 수 있으시죠? 그런데 그런 태도가 죄책감과 무가치하다는 느낌, 실패감에 빠진 영혼을 양산해 냅니다. 이런 마음은 알코올 중독이 뿌리 내려 자라날 비옥한 토양이 되죠.

술은 그 자체로는 악하지 않습니다. 우리가 이를 오남용할 때 악해지는 것입니다. 음식을 남용하는 문제도 이와 유사합니다. 문제는 주님께서 주시는 선물이 아니라, 그 선물을 오남용하는 우리에게 있습니다.

좀 더 정확히 말하면, '악'은 늘 편을 가르려 하는 우리의 성향에 있습니다. 음식과 음료를 비롯해 모든 것에서 우리는 정의와 불의 사이에 장벽을 세우고 우리 편은 옳고 깨끗하다고 확신하고 싶어 합니다.

물론 나는 세상에서 제일 훌륭한 사람은 아니에요. 하지만 저 게으른 뚱보보다는 낫죠.

물론 저도 문제가 있죠. 하지만 저 여자는 술주정뱅이잖아요.

여기서 "강한 사람"은 누구고 "약한 사람"은 누구입니까? 음식과 음료의 오남용 문제는 결국 '무엇'을 먹고 마시냐는 문제가 아니라 '어떻게' 먹고 마시냐는 문제입니다. 감사하지 않고 병든 마음으로 먹고 마실 때, 우리의 먹고 마시는 일은 교만과 분열, 자만과 분리의 재료가 됩니다. 이는 결코 "주님의 영광"을 위한 일이 아닙니다.

어떤 교회에서는 먹고 마시다가 생기는 문제를 피하려고 특정 음식을 아예 피하려 합니다. 금식을 하면 특정 음식에서 비롯된 유혹도 피할 수 있다고 생각하는 것입니다. 바리새인과 세례자 요한의 제자들은 금식을 했지만 예수의 제자들은 먹고 마셨습니다. 이 때문에 예수의 활동 초기에는 갈등도 있었습니다. 왜 당신의 제자들은 먹고 마시고 즐거워하느냐는 물음에 예수께서는 이렇게 답하셨습니다.

> 그때 요한의 제자들이 예수께 와서 물었다. "우리와 바리새파 사람은 자주 금식을 하는데, 왜 선생님의 제자들은 금식을 하지 않습니까?" 예수께서 그들에게 말씀하셨다. "신랑이 마침내 도착하는 날에는 술도 넘치고, 음악이 울리고, 잔치가 시작될 것이다."
>
> (마 9:14~15)

앞서 언급했듯 금식은 죄, 질병, 죽음의 징표였습니다. 경건한 슬픔, 비판, 참회의 표시이기도 했습니다. 하지만 금식은 때때로 자신의 우월함, 덕을 전시하는 수단이 되기도 했습니다. 그렇기에 금식을 실천하던 많은 이는 자신이 저 헐렁한 "탐식가와 술고래들"(그들은 예수와 제자들을 이렇게 불렀습니다)보다 훨씬 더 우월하다고 생각했습니다.

한편 먹고 마시는 것은 화해와 평화, 부활과 생명, 감사와 기쁨, 축제와 소망의 징표였습니다. 그렇기에 (오늘날 영어로는 아침 식사breakfast만 그 흔적을 담고 있습니다만) 예수와 함께 먹고 마시는 모든 식사는 심오한 차원에서 "금식을 깨뜨리는"breaking of the fast 식사였습니다.

누가복음에 따르면 예수께서는 마지막 유월절 식사를 하시며 당신의 나라가 올 때까지 다시는 먹지도, 마시지도 않겠다고 말씀하셨습니다. 이후 부활하신 주님은 엠마오에서, 또 해변에서 제자들을 만나 그 "금식을 깨뜨리십니다". 이 먹고 마심은 그분의 나라가 이 세계에 임했다는, 눈으로 볼 수 있는 징표가 되었습니다. 금식은 깨졌고 주님의 나라가 임했습니다. 이제 잔치를 시작할 때입니다!

하지만 주님의 나라에 사는 이들도 주님의 선물을 오남용할 수 있습니다. 그 나라의 한복판에서 살아간다고 해서 저절로 선물을 오남용하지 않게 되는 것이 아닙니다. 앞에서 보았듯 초대교회에서도 이 문제로 갈등이 있었습니다. 우리는 이 선물을 조심스레 누려야 합니다. 타인의 한계와 필요에 민감해야 하고, 무엇보다 사랑으로 이 선물을 받고 또 써야 합니다. 우리의 이기심으로 인해, 우리가 선물을 오남용함으로써 음식이라는 선물을 누리지 못하고 고통을 겪는 이들을 살펴야 합니다.

제 주변에도 그런 이유로 채식을 결단한 친구들이 몇 명 있습니다. 세계의 기아 문제를 깊이 숙고한 끝에 자발적으로 채식을 하기로 한 것입니다. 자신들이 고기를 절제함으로써 간접적으로 세계에 있는 배고픈 이들에게 더 많은 곡물을 제공할 수 있으리라고 보았기 때문입니다. 같은 이유로 곡물이 술보다 빵을 만드는 데 쓰이기를 바라며 술을 절제할 수도 있습니다. 물론 제가 고기나 술을 절제한다고 해서 배고픈 형제자매의 식탁에 더 많은 빵이 오르리라는 보장은 없습니다. 하지만 그러한 실천은 형제자매들의 배고픔을 되새기는 데, 지속적으로 이를 기억하고 그들의 배고픔을 증언하는 데 도움이 될 수는 있을 것입니다.

그렇더라도 '무엇'을 먹고 마셔야 하고 마시지 말아야 하는지, 그 세부사항에 엄격해지면 자기의 의로움을 내세울 위험이 있습니다. 고린도 교회와 로마 교회에 술을 마시지 않고 금식을 하는 이들과 갈등을 겪던 바울이 경고한 것이 이 부분입니다. 무엇을 먹고 마시는지를 따지는 것이 그리스도 안에 있는 형제자매들을 가로막는 장벽이 된다면 이는 자랑할 일이 아니라 오히려 저주받을 일이라는 것이지요.

먹는다는 것은 배고픔이라는 현실을 인정하는 것이기도 합니다. 또한 먹는다는 것은 타인의 배고픔이라는 멍에를 기꺼이 메는 것이며 우리가 주님께, 또한 타인에게 의존해 생명을 유지함을 인정하는 것입니다. "감사합니다"라는 말은 우리가 어떤 선물을 받았음을 인정하는 것입니다. 그리고 무언가를 선물로 받아들인다는 것은 우리가 그러한 선물을 필요로 하는 존재임을 인정하는 것이기도 합니다. 식사를 하면서 우리는 우리에게 식욕이 있다는 것을, 그 욕구를 공유한다는 것을 깨닫습니다. 그리고 그렇게 함으로써 우리는 우리의 가장 기본적인 인간성을 드러냅니다. 우리는 먹고 마시며 그리스도 안에서, 형제자매들과 연대하여 멍에를 멥니다. 그렇게 우리는 주의 만찬이라는 신비에 한 걸음 더 가까이 다가갑니다.

평범함에 깃든 영광

예수께서는 자신의 가르침이 새로 발효된 포도주 같아서 옛 종교라는 낡은 가죽 부대는 이 새롭고도 생기발랄한 소식을 담을 수 없다고 말씀하셨습니다. 가나의 혼인 잔치에 간 예수에 대해 이야기할 때, 요한은 아마 이 같은 생각을 했던 것 같습니다. 가나의 잔치 자리에 있던 물항아리는 "정결 예법"을 위한, 정결 예식에 쓸 성수가 담긴 항아리였습니다(요 2:6).* 그렇기에 요한은 물을 포도주로 바꾸는 기적을 통해 낡은 종교 의례에 대한 집착이 새로운 것(성령 충만한 생명)으로 바뀌는 비전을 보았던 것 같습니다. 요한복음에서 예수의 공생애는 설교나 강의, 혹은 치유, 축귀와 같은 선한 행동으로 시작하지 않습니다. 그분은 시끌벅적한 곳, 기쁨이 넘치는 혼인 잔치 자리, 시들해지는 잔치에 활력을 주는 기적, 물을 포도주로 바꾸는 경박하면서도 충격적인 사건으로 당신의 사역을 시작하십니다. 이는 실로 의미심장한 일입니다. 다시금 메시아께서는 우리의 하잘것없는 신神 개념과 종교 개념, 옳고 그름의 경계를 부수어 버리십니다. 슬픈 얼굴로 시무룩하게 다니던 금욕적인 세례자 요한의 제자들과 달리 예수께서는 먹고 마시며 잔치를 벌이십니다. 그분은 "잔치는 기뻐하려고 벌이는 것"이며, "포도주는 인생을 즐겁게" 하기 위해 있다는 데 동의하십니다(전 10:19).

먹고 마시는 일의 양면성과 악한 면을 외면하지 않고, 창조주께

---

* "유대 사람의 정결 예법을 따라, 거기에는 돌로 만든 물항아리 여섯이 놓여 있었는데, 그것은 물 두세 동이들이 항아리였다." (요 2:6)

서 주신 최고의 선물조차 자신의 이기심을 위해 남용하는 우리의 성향을 간과하지 않으면서도 예수께서는 우리를 먹고 마시고 기뻐하는 자리로 초대하십니다. 슬픔과 고통, 이 세상의 아픔을 외면하지 않으면서도 그 모든 것을 한데 모아 이를 새로운 눈으로 보게 해 주십니다. 고통받는 사람, 아픈 사람, 배고픈 사람들을 초대하셔서 축제를 여십니다. 모든 백성의 배를 좋은 음식으로 넘치게 채움으로써 예언자들이 말했던 "틀마다 포도주가 넘치는"(욜 2:2) 날을, 이스라엘의 소망을 이루십니다. 오늘이 바로 그날입니다.

> 내 영혼이 주님을 갈망하며
> 살아계신 주님으로 목마릅니다. (시 42:2)

시편 기자와 함께 이렇게 외치는 모든 이를 향해 예수께서는 우레와 같은 말로 그들을 잔치에 초대하십니다.

> 내가 생명의 빵이다. 내게로 오는 사람은 결코 주리지 않을 것이요, 나를 믿는 사람은 다시는 목마르지 않을 것이다. (요 6:35)

이 은혜로운 초대는 우리의 모든 먹고 마시는 행위를 올바른 시선으로 보게 해 줍니다. 이제 우리는 이기적으로 식탐을 부리며 질릴 때까지 먹지 않아도 됩니다. 텅 빈 마음을 채우려 부질없이 음식을 밀어 넣지 않아도 됩니다. 고통을 외면하려고, 아픔을 잠재우려고, 자신을 잊어버리려고 인사불성이 될 때까지 술을 마실 필요도 없습니다. 우리는 사랑받고 있습니다. 우리 주님께서 우리에게 오십니다. 원수들 앞에서 우리에게 상을 차려주시고 잔치의 상석으로 우리를 초대하십니다.

우리의 구세주께서는 인간의 잔혹함이라는 쓰라린 잔을 남김없이 마셨습니다. 그분은 목마르셨고 배고프셨습니다. 우리 삶의 쓰디쓴 맛을 모두, 우리와 함께 맛보셨습니다. 그렇게 예수께서는 우리와 세상을 위한pro nobis pro mundo 거룩한 창조주의 징표가 되셨습니다. 그분은 물을 포도주로 바꾸십니다. 그렇게 우리에게 당신의 영광을 드러내시며 우리에게 징표를 주십니다.

이것이 그분의 영광입니다. 어떤 이들은 주님의 영광을 어떤 초월로, 타자성otherness으로, 먼 곳에 무심히 존재하는 무언가로 이해합니다. 하지만 요한복음은 다른 영광을 이야기합니다. 주님의 영광은 바로 그분의 가까이 다가오심에 있습니다. 이 결혼 잔치 자리에, 우리의 일상에, 무엇을 먹고 마실지, 어떻게 술을 조절할지, 어떻게 체중을 관리할지, 어떻게 우리가 서로를 바라볼지를 고민하는 그곳에, 그 한복판에 몸을 입은 주님이 계십니다. 그분이 우리와 함께하십니다. 임마누엘. 이를 두고 신학자들은 주님을 역동, 힘, 삶의 바탕, 일상의 새로운 차원을 열어젖히고 확장하는 분으로 묘사합니다.

나는 그들이 생명을 얻고
또 더 넘치게 얻게 하려고 왔다. (요 10:10)

아들은 자기가 원하는 사람들을 살린다. (요 5:21)

라틴어로 만찬을 뜻하는 말은 '콘비비움'convivium인데 영어보다 '식사'에 담긴 의미를 더 잘 설명해 줍니다. '콘비비움'은 '생명과 함께'하는 것입니다. 예수의 이름으로, 예수와 함께 하는 식사는 '생명과 함께' 먹는 것입니다. 우리는 먹고 마심으로써 생명을 나누고, 기쁨으로 축제에 참여합니다.

가나의 혼인 잔치에서, 다락방에서, 엠마오로 가는 길에서, 혹은 교회의 성찬 식탁에서 그 영광을 엿본 사람은 이전과 같은 식으로 먹고 마실 수 없습니다. 주님의 식탁에서 주님과 함께 먹고 마시고 나면, 그 경험이 우리의 모든 식탁을 밝혀줍니다.

이제 우리의 아침은 무심하게 달걀과 베이컨과 눅눅한 콘플레이크를 먹는 단조로운 일상에 머물지 않습니다. 그 식탁은 넉넉한 마음으로 기쁘게 먹고 마시는 잔칫상으로 변합니다. 아침에 마시는 한 잔의 커피, 일하다 먹는 한낮의 간식, 목초 더미를 벤 뒤 먹는 샌드위치, 저녁 식탁에 함께 가족이 둘러앉아 먹는 식사, 이 모두가 주님의 영광을 위한 행위가 될 수 있습니다. 우리가 먹고 마시는 자리는 주님의 영광이 밝히 드러나는 자리이며, 그 영광에 응답함으로 우리는 그 영광에 참여합니다. 감사함과 기쁨으로 먹고 마시는 모든 일이 성찬이 될 수 있습니다.

그들은 예수께 말하였다.

"주님 우리에게 이 빵을 항상 주십시오." (요 6:34)

친구 되신 예수여. 당신의 인내를 보이소서. 저는 오늘 아침도 달
걀과 베이컨을 마구 먹었고, 점심에는 멍하니 게걸스레 햄버거를
먹어치웠고, 무심히 저녁을 먹고 나서 아이들의 행동에 지적을
일삼았고, 식료품 가격이 비싸졌다고 불평했습니다. 당신의 몸과
피를 받는 성찬을 그렇게 중구난방으로 받은 저를 용서해 주소
서. 저는 제가 하는 일을 모릅니다. 저는 기쁘고도 장난스레 먹고
마시는 당신의 나라 잔치에 참여하기보다 관습적인 식사 예절에
안주하려 하고, 세례자 요한의 신랄한 설교에 안주하려 합니다.

주님, 저를 불쌍히 여기소서. 저는 당신의 제자로 산다는 것을 본
래 맛없는 음식을 먹는 것 같은 입에 쓴 일, 심각해지는 일이라고
계속 착각합니다. 열심히 일하고, 올바르게 살려고 노력하고, 규
칙을 지키고, 준비된 사람이 되고, 통제하고, 깔끔해지고, 점잖아
지고, 진지해지고, 존경받을만한 사람이 되려고 하면서 제 습관
과 친구들을 매의 눈으로 지켜봅니다. 그런 것을 신앙이라고 생
각하며 예의를 지켜, 분위기에 걸맞은 슬픈 표정으로 성찬의 자
리에 참여합니다.

알맞은 포크를 쓰고, 냅킨을 단정히 올려 둔 채 포크로 콩을 찍어
먹고, 차를 흘리지 않고 잘 마시려고 애쓰는 제게 당신은 다가오
십니다. 꽤나 괜찮은 그리스도인인 척하는 저를 놀리시며, 장난
기 가득한 모습으로 느슨해지라고 하십니다. 밋밋한 맹물을 그윽
한 핏빛 포도주로 변화시키시더니 장례식을 잔치로 바꾸시고 죽
음보다 삶이 낫다고 다시 저를 설득하십니다. 성령은 긴장을 풀
어주시는 분이라고, 기쁨이야말로 천국의 진지한 사업이라고 하

십니다. 칙칙하고 슬픈 표정으로 성찬에 참여하는 것은 그 자리에 함께 계신 부활하신 주님을 모독하는 일이라고 다시금 말씀해 주십니다. 새 포도주가 흐르고, 점잖은 종교는 낡은 가죽 부대와 함께 터져 버립니다. 그렇게 당신의 영광을 봅니다.

정리해 보기

◇ _____은 초대교회에서 뜨거운 논쟁거리였습니다. 구약에서 _____은 참회의 징표였습니다. _____이 축제와 기쁨의 징표라면, _____은 비탄과 애도의 징표였습니다. (67쪽)

◇ 바울은 모든 음식을 감사하며 자유롭게 먹고 마시는 이들을 _____라고 불렀습니다. 채식하고 금주하는 이들은 _____이라고 불렀습니다. (69쪽)

◇ _____는 이 세계가 영혼과 육체, 선과 악, 빛과 어둠 등 둘로 나뉘어 있다고 믿었습니다. (70쪽)

◇ 전통적으로 성찬을 할 때 성직자는 빵과 포도주를 들고 사람들을 초대하며 이렇게 말합니다. "_____" (72쪽)

◇ 라틴어로 만찬을 뜻하는 말은 '콘비비움'convivium 입니다. 이 말은 _____라는 뜻입니다. (82쪽)

생각해 보기

◇ 초대받고 싶었으나 그러지 못했던 잔치에 대한 경험이
  있나요?

◇ 당신이 잔치를 연다면, 부르고 싶은 사람과 부르고 싶지
  않은 사람은 각각 어떤 사람들인가요?

◇ 예수께서는 모든 사람을 잔치에 초대하십니다. 그러
  나, 우리가 그 잔치에 응하지 못하게 하는 이유는 무엇
  일까요?

제4장

나 같은 죄인을 구원하시는 당신은 누구십니까?

바리새파 사람들과 그들의 율법학자들이
예수의 제자들에게 불평하면서 말하였다.
"어찌하여 당신들은 세금 징수원들과 죄인들과 어울려서 먹고 마시는 거요?"
예수께서 그들에게 대답하셨다.
"건강한 사람에게는 의사가 필요하지 않으나, 병든 사람에게는 필요하다.
나는 의인을 부르러 온 것이 아니라, 죄인을 불러서 회개시키러 왔다."

- 누가복음 5장 30~32절 -

성인과 죄인

예수를 비난했던 이들이 예수에게 분노했던 이유 중 하나는 그가 함께 식사하는 사람들 때문이었습니다. 누가에 따르면 예수는 한데 모일 수 없는 여러 부류(세금 징수원, 바리새인, 성매매 여성, 평범한 어부들)와 친구가 되셨습니다. 바리새인은 예수에게 충고했습니다. "누구와 밥을 먹을지 신중하게 생각해야 합니다."

식사를 하는 식탁은 친밀하고 거룩하며 변혁적이고도 신비로운 장소입니다. 계속 누군가를 미워하고 싶다면('저 사람은 인간도 아니야. 존중할 가치가 없어. 형제자매도 아니야') 그를 식사 자리에 초대해서는 안 됩니다. 바리새인의 말처럼 우리는 누구와 밥을 먹을지의 문제에 신중해야 합니다. 조심하십시오. 오스카 와일드Oscar Wilde는 말했습니다. "훌륭한 저녁 식사를 함께하면 사람은 누구든 용서할 수 있다. 심지어 자신의 가족까지도." 이 점을 기억해야 합니다.

레위의 집에서

누가에 따르면 예수께서 본격적으로 활동을 시작하고 처음 초청한 사람은 세금 징수원 레위였습니다.

> 예수께서 나가셔서, 레위라는 세금 징수원이 세관에 앉아 있는 것을 보시고 그에게 말씀하셨다. "나를 따라오너라." 레위는 모든 것을 버려두고, 일어나서 예수를 따라갔다. (눅 5:27~28)

예수께서는 세금 징수원을 제자로 부르셨습니다. 복음서에서 세금 징수원은 이론의 여지가 없는 악인이었습니다. 로마 지배자들의 압제에 부역하던 이들을 사람들은 경멸했습니다. 세금 징수원은 로마 제국이 백성에게 과중한 짐을 지우는 일에 협력하는 사람, 카이사르의 모습이 새겨진 더러운 돈을 만지는 협잡꾼, 반역자, 우상 숭배자였습니다. 그런데 그런 부류의 인간을 예수께서 가장 먼저 제자로 삼으신 것입니다. 누가에 따르면 이 세금 징수원은 예수와의 잔치에 가장 먼저 참여하는 사람이 되었습니다.

> 레위가 자기 집에서 예수에게 큰 잔치를 베풀었는데, 많은 세금 징수원과 그 밖의 사람들이 큰 무리를 이루어서, 그들과 한자리에 앉아서 먹고 있었다. (눅 5:29)

레위의 식탁에 앉아 있는 예수를 바리새인들이 보았습니다. 저런 악당과 함께 있다니, 그것은 바리새인들이 도저히 용납할 수 없는 행동이었습니다.

> 바리새파 사람들과 그들의 율법학자들이 예수의 제자들에게 불평하면서 말하였다. "어찌하여 당신들은 세금 징수원들과 죄인들과 어울려서 먹고 마시는 거요?" (눅 5:30)

복음서에서 바리새인들은 명실공히 혹평을 받습니다. 누가는 바리새인을 종교적 속물로 묘사합니다. 그에 따르면 바리새인들은 율법을 문자 그대로 지키는 데 자부심을 느끼는 이들, 고상한 척하는 이들, 타인의 필요나 한계를 헤아리는 데는 거의 관심이 없던 이들이었습니다. 그러나 실제 유대교에서 바리새인들은 '진보'에 가까웠습니다. 바울은 바리새인이었고 자신의 유산을 자랑스러워했습니다. 바리새인은 '죽은 자의 부활'이라는 비교적 새로운 사상에도 열려 있었습니다. 그들은 매일 삶에서 마주치는 문제들에 종교적인 대답을 주기 위해 노력하고, 신앙을 삶에서 엄격히 실천하는 사람들이었습니다.

하지만 누가는 바리새인들을 예수의 적으로 묘사합니다. 예수께서는 그들을 위선자, 회칠한 무덤이라고 부르셨습니다. 그들에게는 열정이 있었으나 그 열정은 길을 잃었습니다. 그들은 소소한 문제에 매달리느라 거룩한 아버지를 향한 "사랑과 정의는 소홀히"(눅 11:42)하고 있었습니다.

바리새인은 불결한 이들과 접촉하지 않았고, 사람들에게도 그들을 피하도록 가르쳤습니다. 그들에게는 이것이 정의였고, 그들이 예수를 꺼림칙하게 여긴 이유도 거기에 있었습니다. 바리새인들이 보기에 예수는 불결한 레위와 그의 동료들을 친구로 삼고 함께 식사하며 그들과 접촉하고 있었습니다. 바리새인들의 비판에 예수는 이렇게 답하셨습니다.

> 너희가 그렇게 건강하다면, 너희에게는 의사가 필요 없겠구나.
>
> (눅 5:31)

가장 심각한 환자는 자신이 얼마나 아픈지도 모르는 사람입니다. 예수의 답에는 그와 같은 통찰이 담겨 있습니다. 바리새인들은 바로 '자신의 질병을 자각하지 못하는 병'을 앓고 있었습니다. 이어서 예수께서 말씀하십니다.

나는 의로운 이를 부르러 온 것이 아니라 죄인들을 회개시키러 왔다. (눅 5:32)

예수는 레위뿐 아니라 바리새인들이 배제한 모든 이를 부르러 오십니다. 여기서 "부른다"는 말은 (잔치에) "초대한다"는 뜻이기도 합니다. 예수께서는 그 일을 하러 오셨습니다.

가난한 너희는 복이 있다. 아버지의 나라가 너희의 것이다.
지금 배고픈 너희는 복이 있다. 너희가 만족하게 될 것이다.
지금 우는 너희는 복이 있다. 너희가 웃게 될 것이다. (눅 6:20~21)

바리새인들은 왜 예수와 제자들이 금식하지 않는지 궁금했습니다.

요한의 제자들은 자주 금식하며 기도하고, 바리새파 사람의 제자들도 그렇게 하는데, 당신의 제자들은 먹고 마시는군요. (눅 5:33)

이들은 이렇게 말한 셈입니다. "세례자 요한의 제자들은 경건하게 늘 슬프고 애처로운 모습으로 다니던데 당신의 제자들은 먹고 마시며 명랑하게 다니더군요. 경건한 사람이 어떻게 그런 식으로 행동을 합니까?" 예수께서는 이렇게 답하셨습니다. "결혼식 피로연에서 신랑이 오는데 사람들이 금식을 하는 게 옳으냐, 잔치를 하는 게 옳으냐. 이제 신랑이 여기 왔으니 잔치를 좀 열자."(눅 5:34)

그러나 바리새인들은 일찍이 요한이 금식을 할 때도 그를 비난했습니다. 예수께서는 의아해하며 혼잣말을 하십니다.

> 요한이 와서 금식을 하니까 "그는 귀신 들렸어"라고 하더니, 내
> 가 와서 먹고 마시니까 "저 식충이 술꾼 좀 봐. 세금 징수원이랑
> 죄인들이랑 어울려 다니는 꼴을 보라구" 하는구나. (눅 7:33~34)

알맞은 때와 상황이란 결코 오지 않습니다. 복음은 우리가 만들어
낸 기대에 들어맞지 않습니다. 그래서 우리는 기다립니다.

새 포도주(눅 5:27~34)는 오래된 포도주 부대를 터뜨렸고, 하찮은
도덕주의자들, 배타적인 경건주의자들은 큰 위협을 느꼈습니다.
예수는 곡식 낱알을 먹겠다고 안식일 율법을 무시했고(눅 6:1~5),
세금 징수원들, 죄인들과 함께 밥을 먹기까지 했습니다. 선량한 종
교인들에게 이런 예수의 모습은 큰 충격으로 다가왔습니다. 세례
자 요한의 질문("당신이 오실 그분입니까? 그렇지 않으면, 우리가 다른 사
람을 기다려야 합니까?"(눅 7:19))은 분명 다른 많은 사람의 궁금증을
대변하는 질문이었습니다. 그리고 예수께서는 요한의 질문에 이렇
게 답하시며 주님의 나라의 독특한 특성을 밝히 드러내고 선포하
십니다.

> 너희가 보고 들은 것을, 가서 요한에게 알려라. 눈먼 사람이 다시
> 보고, 다리 저는 사람이 걷고, 나병 환자가 깨끗해지고, 귀먹은
> 사람이 듣고, 죽은 사람이 살아나고, 가난한 사람이 복음을 듣는
> 다. 나에게 걸려 넘어지지 않는 사람은 복이 있다. (눅 7:22~23)

하지만 이 선포에 많은 이가 "걸려 넘어"졌습니다. 왜 아니겠습니까? 거룩한 창조주께 선택받았다고 믿고, 이제껏 기다려왔고, 그로 인한 고통도 감내했는데, 그 모든 기다림의 결말이 고작 선택받은 우리와 그들을 차별하지 않는 것이라니요. 기름 부음 받은 메시아가 오셨다고 기뻐했더니, 정작 그분은 경계를 허물어 '우리'뿐 아니라 '저들'을 초대하고 계십니다. 누군들 화가 나지 않겠습니까. 이렇게 구별 없이 누구에게나 은혜를 주신다면 우리가 교회에 가고 십일조를 하고, 기도하고, 구별되게 사는 것이 다 무슨 소용일까요?

> 너희, 지금 배부른 사람들은 화가 있다. (눅 6:25)

바리새인과 창녀들

세금 징수원들과 식사를 했던 예수는 이제 바리새인의 식탁에 앉아 있습니다(눅 7:36). 그때 그 동네에는 "죄인"인 한 여인이 살고 있었는데 그녀 귀에도 예수께서 바리새인 집에 머물고 있다는 소식이 들렸습니다. 여인은 예수를 만나기 위해 향유를 들고 그곳에 갑니다. 여기서부터 문제가 발생합니다. 예수를 만난 그녀는 울면서 눈물로 예수의 발을 적시더니, 머리를 풀어헤치고, 급기야 그 머리카락으로 예수의 발을 닦고 발에 입을 맞추고 향유를 붓습니다. 이는 바리새인이 용납할 수 없는 행동이었습니다. 그는 투덜댔습니다. '이 사람이 정말 예언자라면, 자기를 만지는 저 여자가 어떤 부류인지, 얼마나 죄인인지도 알았을 게 아닌가.'(눅 7:39) 바리새인은 의아해했습니다. '옳고 그름, 선과 악, 불의와 정의를 구별할 수도 없다면 진정한 예언자가 오는 게 다 무슨 소용인가?'

그녀의 죄가 무엇이었는지는 모릅니다. 어떤 학자들은 그녀가 매춘을 했으리라고 추정합니다. 그러고 보면, 그녀가 간직하고 있던 (향유가 담긴) 옥합은 근동 지방에서 매춘부들이 소지하던 작은 향수병 같기도 합니다. 글쎄요. 그녀가 지은 죄가 무엇이든, 그녀가 매춘부였든 아니었든 누가가 의도적으로 이 장면을 꽤나 육감적으로, 심지어 다소 에로틱하게 그리고 있는 것만은 분명합니다. 여인이 자신을 만지도록 내버려 두는 예수의 모습에 바리새인들은 충격을 받았습니다. 여기서 "만진다"고 했을 때 누가가 쓴 그리스어 '합토'ἅπτω에는 단순히 만진다는 뜻뿐 아니라 '불을 지피다, 어루만지다, 애무하다'는 뜻도 있습니다. 예수는 여인이 자신을 어루만지고, 엎드려 입을 맞추는 것을 허락합니다. 정결한 식탁에는 그다지 어울리지 않고, 거룩한 예언자에게 하기에는 부적절해 보이는 행동이지요.

예수는 바리새인 시몬에게 작은 수수께끼를 내셨습니다.

두 사람의 채무자가 있었다. 한 사람은 만원의 빚이 있고 한 사람은 백만 원의 빚이 있었다. 둘 다 갚을 길이 없는데 채권자는 두 채무자의 빚을 모두 탕감해주었다. 시몬, 곰곰이 생각해보아라. 누가 더욱 감사하겠느냐? (눅 7:41~42)

시몬은 이 폐부를 찌르는 수수께끼에 말려들었음을 알고, 머뭇거리면서 답했습니다. "글쎄요. ... 아마도... 더 많은 빚을 진 사람이 겠지요." 나이 많은 시몬은 이 수수께끼의 의미가 너무 분명해서 오히려 답답해합니다. 그녀는 바로 이해가 안 될 만큼 무모한 용서를 받은 사람이었고, 그렇기에 그녀 역시 주변 사람이 이해할 수 없을 만큼 무모한 감사를 드리고 있었습니다. 우리가 격식에 갇혀, 폐쇄적이고 인색하게 감사를 드리는 이유는 우리가 그다지 용서받을 것이 없다고 생각하기 때문일 것입니다. 이제 우리와 같은 이들이 그녀의 행동에 어떻게 반응하는지 보십시오.

> 그러자 상에 함께 앉아 있는 사람들이 속으로 수군거리기를 "이 사람이 누구이기에 죄까지도 용서하여 준다는 말인가?" 하였다.
>
> (눅 7:49)

누구입니까? 왜 이런 짓을 합니까? 누가 구원을 받고 누가 멸망을 받을지, 누가 죄인이고 누가 의인인지, 기껏 공들여 잘 정리해 놓았더니, 왜 그 목록을 어지럽힙니까? 옳고 그름을 나누는 것이야말로 죄라고 폭로하는 이 사람은 도대체 누구입니까? 다들 알고 있는 죄인(여인)과 알려지지 않은 죄인(시몬) 모두와 식사를 하는 저 사람은 대체 누구입니까? 저 예수는 이런 구별에 신중해야 한다는 사실을 모르는 것입니까? 모름지기 옳고 그름, 선과 악, 정의와 불의를 구별하는 일에는 신중해야 하는 법입니다. 안 그러면 어느 편에 서야 할지 분별하기 어려워집니다. 저도 그 문제에 늘 신중하려 하고, 아이들에게 그렇게 가르칩니다.

고등학생 시절, 할로윈을 맞아 교회 친구들과 유니세프 모금 활동에 참여했던 일이 있습니다. 늘 하던 행사를 답습하기보다 누군가의 변화를 돕는 일을 해보자는 취지에서였습니다. 그렇게 상당한 액수의 돈을 모았습니다. 이제 후원금만 보내면 되던 차에 누군가 이런 말을 했습니다. "우리 아빠가 그러는데 유니세프에서는 후원금을 공산주의 국가에도 보낸대." 흠, 생각해볼 만한 문제였습니다. 우리에게 적대적인 나라, 우리를 공격할지도 모를 그런 나라들을 돕기 위해 돈을 보내는 게 옳은 일일까요? 한 소녀는 이런 말을 했습니다. "내 생각에 후원금을 받는 아기들은 자기가 공산주의자인지 아닌지 그런 건 모를 것 같은데 … 그냥 배가 고픈 것밖에 모를 것 같아." 하지만 다수는 소녀의 문제 제기에 이런 식으로 답했습니다. "그래도 신중해야지. 오늘 먹을 것을 주었는데 내일은 그 사람들이랑 싸워야 할 수도 있잖아." 결국 논의는 신중한 입장으로 기울었습니다.

우리는 신중하게 접근해야 한다고 생각했습니다. 도와줘야 마땅한 사람을 돕고 있는지, 제대로 빈곤층을 돕고 있는지 신중하게 살펴야 한다고 생각했습니다. 후원금이 악한 편에, 비신자들이 사는 땅에 흘러 들어가지 않게 주의해야 한다고 생각했습니다. 우리는 이 문제를 투표에 부쳤고 결국 교회의 청소년 수련원에 수영장을 건설하는 비용에 보태기로 했습니다. 신중하게 내린 결정이라고 우리는 생각했습니다. 하지만 성서는 신중하게 분별하기보다무작정 가련한 이들을 돌아보셨던 한 사람을 증언합니다. 그 앞에서 우리의 사소한 경계 짓기와 구별, 판단은 무색해지고 맙니다.

그분은 몸을 파는 사람이든, 세금 징수원이든, 남자든 여자든, 이방인이든 유대인이든 상관치 않고 구별하지 않고, 그가 누구이든 함께 식사를 하셨습니다.

사람들은 예수를 "죄인들을 받아들이고 그들과 함께 식사를 한다"(눅 15:2)는 이유로 비판했습니다. 이에 예수는 그들에게 길 잃은 한 남자 이야기를 들려주셨습니다. 옛날 옛적에, 한 남자가 있었습니다. 그는 아버지가 힘들게 모은 돈을 거의 강탈하다시피 한 뒤 가출을 해 술과 여자에 탕진해 버립니다. 돈이 떨어지고 배가 고파진 남자는 그제야 집으로 돌아가겠다는 치사한 결심을 합니다. 집으로 간 그가 어떤 대접을 받았는지 아십니까? 잔치입니다. 세상에, 아버지는 그를 위해 잔치를 벌입니다. 이와 관련해 칼 바르트 Karl Barth는 말했습니다.

크고 강하고 부유하며 심지어 자신이 주님께 사랑받는 자녀라고 여겨 술집 사장이나 죄인들과 함께 식탁에 앉기를 거절한다면 그는 그리스도인이 아니다.[1]

복음의 잔치 자리에 앉아 있는 죄인들

이제 어떤 교회들이 이른바 '열린 성찬'open communion을 행하기도 하는 이유를 짐작하실 수 있겠습니까? 어떤 교회는 성찬을 오직 교회 공동체에 온전히 소속된 이들만 참여할 수 있는 식사로 여

---

[1] Karl Barth, *The Christian Life* (Grand Rapids, Michigan: William B. Eerdmans Publishing Co., 1983), 80.

깁니다. 어떤 이들은 교회에 소속되어 있다 할지라도 자신이 성찬에 참여할 자격은 얻지 못했다고 느끼기도 합니다. 이는 모두 성찬 즉 주님의 만찬에 대한 큰 오해에서 비롯된 것입니다.

이는 바울의 말을 오해한 것과도 다소 관련이 있습니다. 바울은 성찬을 "합당하지 않게"(고전 11:27) 해서는 안 된다고 경고하고 있기 때문입니다.* 하지만 바울의 이 경고는 거만한 태도로 파벌을 형성하고 누군가를 차별하는, 이기주의에 빠진 특정 회중을 향한 경고였습니다. 그는 고린도인들에게 "몸을 분별"하라고 했는데, 이는 식탁에 둘러앉아 있는 동료 그리스도인들을 그리스도의 몸으로, 우리가 볼 수 있도록 드러난 그리스도의 몸으로 보라는 뜻이었습니다. 바울에게 몸이란 교회를 의미했습니다.

연합과 환대, 공동체, 은총의 표지인 성찬을 고린도인들은 자기중심적인 종교적 자긍심의 표현으로 변질시키고 있음이 분명했습니다. 그것은 성찬의 본래 목적을 정면으로 거슬렀습니다. 바울은 이들을 향해 이야기합니다.

> 여러분이 한자리에 모여서 먹어도, 그것은 주님의 만찬κυριακὸν δεῖπνον을 먹는 것이 아닙니다. … 자기 식사ἴδιον δεῖπνον를 먹는 것일 뿐입니다. (고전 11:20~21)

여기서 "자기 식사"는 문자 그대로 풀면 "자기를 먹는 식사"입니

---

* "누구든지, 합당하지 않게 주님의 빵을 먹거나 주님의 잔을 마시는 사람은, 주님의 몸과 피를 범하는 죄를 짓는 것입니다." (고전 11:27)

다. 고린도인들이 주님의 만찬이라고 여긴 그 식사는 분열과 분리의 원인이 되었고, 그렇기에 그들의 식사는 그들 자신을 파멸로 몰고 가는, 자기를 먹는 식사였습니다. 유다서에서도 "자기 배만 불리"(유 1:12)는 이들을 비판합니다.

존 웨슬리는 성찬을 성도들이 스스로의 거룩함을 자축하는 식사가 아니라 죄인들의 삶이 변화되는 식사로 보았습니다. 그에 따르면 성찬은 구원받은 이들을 '거룩하게 하는 성스러운 의례'일 뿐만 아니라 구원을 향해 가는 이들을 위한 '회심의 성례'이기도 합니다. 웨슬리 또한 주님의 만찬은 죄인들이 함께 참여하는 식사라고 생각한 것입니다. 매춘을 한 죄인, 교회의 지도자인 죄인, 자기가 죄인이라는 사실을 아는 죄인, 자기가 죄인인지도 모르는 죄인, 이들 모두가 죄인이며 예수께서는 이들 모두를 식사의 자리로 부르십니다. 그 때문에 웨슬리는 정식으로 교회의 구성원이 되지 않은 "신실한 구도자"들도 성찬의 자리에 받아들였습니다. 그가 제시한 유일한 조건은 부활하신 그리스도를 만나고자 하는 갈망뿐이었습니다. 찰스 웨슬리의 초기 찬송시에는 이 자애로운 초대가 잘 드러납니다.

> 오라 죄인들아. 복음의 잔치로.
> 모든 영혼아. 예수의 손님이 되어라.
> 초대받지 못해 뒤에 남는 이는 없으니
> 주께서 모든 인류를 부르시네.
> 나 주께 보냄받아 당신을 부르네.

그분은 모두를 초대하시니
오라, 온 세계여. 오라, 너 죄인아.
이제 그리스도 안에서 준비가 다 되었으니.

오라, 영혼이 죄에 억눌려 있는 모든 이들아.
안달하던 이들 모두 이후에는 쉬게 되리.
가난한 자, 불구 된 자, 절뚝이는 자, 맹인 된 자,
당신들에게 그리스도 안에 따스한 환대 있으리.

오늘날에도, 교회가 주님의 만찬에 참여하기 위해 모일 때마다, 우리는 매번 기쁨에 차 가장 경이로운 소식을 선포합니다. 죄를 짓고 평판이 나쁜 친구들, 한때 주님을 곤경에 빠뜨리기도 했던 친구들까지도 예수께서는 여전히, 또다시 초대하신다고 말입니다. 주님, 감사합니다.

정리해 보기

◇ 복음서에서 _____은 이론의 여지가 없는 악인이었습니다. 로마 지배자들의 압제에 부역하던 이들을 사람들은 경멸했습니다. _____은 로마 제국이 백성에게 과중한 짐을 지우는 일에 협력하는 사람, 카이사르의 모습이 박힌 더러운 돈을 만지는 협잡꾼, 반역자, 우상 숭배자였습니다. (88쪽)

◇ 유대교에서 _____들은 진보에 가까웠습니다. 바울은 _____이었고 자신의 유산을 자랑스러워했습니다. _____은 '죽은 자의 부활'이라는 비교적 새로운 사상에도 열려 있었습니다. 그들은 매일 삶에서 마주치는 문제들에 종교적인 대답을 주기 위해 노력하고, 신앙을 삶에서 엄격히 실천하는 사람들이었습니다. (90쪽)

◇ 가장 심각한 환자는 자신이 얼마나 아픈지도 모르는 사람입니다. 바리새인들은 바로 _____을 앓고 있었습니다. (90쪽)

◇ 존 웨슬리는 성찬을 _____들이 스스로의 _____을 자축하는 식사가 아니라 _____들의 삶이 변화되는 식사로 보았습니다. 그에 따르면 성찬은 구원받은 이들을 '거룩하게 하는 _____'일 뿐만 아니라 구원을 향해 가는 이들을 위한 _____이기도 합니다. (99쪽)

◇ _____는 말했습니다.

크고 강하고 부유하며 심지어 자신이 주님께 사랑받는 자
녀라고 여겨 술집 사장이나 죄인들과 함께 식탁에 앉기를
거절한다면 그는 그리스도인이 아니다. *(97쪽)*

생각해 보기

◇ 예수님께는 누가 성인이고 누가 죄인일까요?

◇ 저자가 이야기한 '열린 성찬'에 대해 어떻게 생각합니까?
각자의 생각을 나누어봅시다.

◇ 본문에 나오는 유니세프 일화에 대한 자신의 생각을 나누
어봅시다.

진정한 신앙의 승리는 이 땅에서의 일탈이 아니라

이 땅으로 돌아오는 것이며, 사랑을 표현하기 위한 수단으로

이 땅의 조건을 기꺼이 활용하는 것입니다.

그리스도의 신성함에는 교만이 없습니다.

빈민가의 집, 길거리, 병원에도 그리스도의 신성함이 있습니다.

그리스도의 선물은 가장 하찮은 삶의 세계에

나누어진다는 데 그 신비로움이 있습니다.

적은 물, 작은 빵조각, 한 잔의 포도주면

두 세계의 간격을 좁힐 수 있고,

영혼과 감각을 다하여

영원히 자비로운 분께 떨리는 마음으로 다가갈 수 있습니다.

겟세마네 동산에 가기 전 평온하고 차분하게 시작된

피와 살의 나눔은 지금도 이어지고 있습니다.

모든 그리스도인은 끝없이 이어지는

회심과 성찬의 사슬에서 하나의 고리에 해당합니다.

이 사슬을 통해 주님의 사랑이 이 땅에 전해집니다.

- 이블린 언더힐 -

제5장

잔치를 열 때

함께 먹고 있던 사람 가운데 하나가 이 말씀을 듣고서 예수께 말하였다.
"주님의 나라에서 음식을 먹는 사람은 복이 있습니다."
예수께서 그에게 말씀하셨다.
"어떤 사람이 큰 잔치를 베풀고, 많은 사람을 초대하였다."

- 누가복음 14장 15-16절 -

예의를 지켜라

어느 일요일 저녁 식사 자리에서 있었던 일입니다. 어린 시절 우리 가족은 일요일 저녁이면 함께 식사를 했고, 종종 목사님도 그 자리에 초대하곤 했습니다. 어른들은 목사님 앞에서는 예의 바르게 행동해야 한다고, 후라이드 치킨의 큰 조각은 목사님이 드실 수 있게 작은 조각만 고르라고 식사 시작 전에 미리 훈계하셨지요. 모두 식탁에 모였고 목사님이 축사를 해주신 뒤 각자의 자리에 접시를 놓기 시작했습니다. 드디어 치킨이 담긴 접시가 나왔습니다. 사촌들은 부모님의 지시사항을 무시하고 닭가슴살을 날름 집어 들었고, 할머니는 친절하면서도 단호하게 말씀하셨습니다. "찰스야. 날개를 가져가지 그러니. 치킨은 어느 부위나 다 맛있단다." 사촌이 답했습니다. "네 할머니. 저도 알아요. 그래서 목사님이 다른 부위도 드실 기회를 드리려는 거에요."

식탁 예절을 배우기란 어렵습니다. 어떤 포크를 가장 먼저 써야 하는지, 냅킨은 어디에 놓아야 하는지, 손님 자리는 어떻게 배치해야 하는지 등 까다로운 문제가 많습니다. 백악관에는 대통령이 주재하는 중요한 저녁 식사에서 자리 배치를 결정하는 의전 공무원이 따로 있을 정도입니다. 타국의 외교관을 잘못된 자리에 앉혀 본의 아니게 모욕을 주면 외교 문제가 불거질 수도 있기 때문입니다.

우리의 예의범절은 매우 중요한 사실을 드러냅니다. 식사하는 모습만 보더라도 그에 관해 많은 것을 알 수 있습니다. 대기업에서 신입 직원을 뽑는 인사 담당인 제 친구는 늘 입사지망생들과 저녁 식사를 함께한다고 했습니다. 식탁에 있는 모습을 통해 그 사람이 얼마나 민감한지, 다른 사람을 배려하는지, 전반적으로 친절한지 아닌지를 가늠해 볼 수 있기 때문입니다.

예수께서도 이를 아셨습니다. 연회 자리, 특히 주님의 나라를 알리는 잔치에 참여할 때도 갖추어야 할 중요한 예절이 있습니다. 누가복음 14장에서 예수는 당신의 나라에서 열리는 잔치 자리에서 갖추어야 할 독특한 예절을 선포하십니다.

새로운 예절

어느 안식일에 예수께서 바리새파 사람의 지도자들 가운데 어떤
사람의 집에 음식을 잡수시러 들어가셨는데, 사람들이 예수를 지
켜보고 있었다. (눅 14:1)

금식하고 있는 바리새인들에게는 먹잇감이 필요했습니다. 그들
은 징벌에 굶주려 있었거든요. 식탁에서 그다지 유쾌하지 않은 이
야기를 일삼는 손님임을 알면서도 예수를 그들이 계속 식탁에 초
대한 것도 이 때문입니다. 그들은 예수에게서 결점을 찾고 싶어 했
습니다.

그런 그들의 식탁에 수종병에 시달리는 사람이 나타납니다(눅
14:2).* 때는 안식일이었습니다. 이전에도 예수는 안식일 관습을 무
시했다는 이유로 곤란을 겪었습니다. 그분은 신학자들을 향해 물
으셨습니다. "안식일에 병을 고치는 것이 옳으냐? 옳지 않으냐?"
이 질문은 사실상 "너희들이 안식일에는 일을 해서는 안 된다고
생각하는 것은 안다. 하지만 안식일에 선행을 하는 것은 어떠냐.
괜찮은 것이냐?"는 질문이었습니다.

당연하게도, 그들은 이 물음에 침묵합니다. 그렇다고 답하면 자

---

* "그런데 예수 앞에 수종병 환자가 한 사람이 있었다." (눅 14:2)

신들이 옳다고 믿는 율법을 깨트리는 발언으로 보일 테고, 아니라고 하면 잔인하고 타인의 고통에 무감각한 사람처럼 보일 테니까요. 이들의 침묵은 그 자체로 이들의 모순과 한계, 옹졸한 규율과 규칙에 갇힌 종교의 모습을 보여줍니다. 이제 예수께서는 손님들의 모습을 관찰하시다가 "초청받은 사람들이 윗자리를 골라잡는 것을 보시고"(눅 14:7) 앞다투어 눈에 띄는 상석에 앉으려는 이들을 향해 말씀하십니다.

> 네가 누구에게 혼인 잔치에 초대를 받거든, 높은 자리에 앉지 말아라. 혹시 손님 가운데서 너보다 더 귀한 사람이 초대를 받았을 경우에, 너와 그를 초대한 사람이 와서, 너더러 '이분에게 자리를 내드리시오' 하고 말할지 모른다. 그러면 너는 부끄러워하며 가장 낮은 자리로 내려앉게 될 것이다. 네가 초대를 받거든, 가서 맨 끝자리에 앉아라. 그리하면 너를 청한 사람이 와서, 너더러 "친구여, 윗자리로 올라앉으시오"하고 말할 것이다. (눅 14:8~10)

뭐 이렇게 뒤죽박죽인 예절이 있습니까? "누구든지 자기를 높이면 낮아질 것이요, 자기를 낮추면 높아질 것"(눅 14:11)이라니요. 그럴 수가 있습니까? 예수의 말씀에 모든 사람이 어리둥절했습니다. 손님들을 향한 이 일침을 잔치를 주최한 주인은 반겼습니다. 그런데 이어서 예수는 즐거워하는 주인을 향해서도 말씀하십니다.

> 네가 점심이나 만찬을 베풀 때, 네 친구나 네 형제나 네 친척이나

> 부유한 이웃 사람들을 부르지 말아라. 그렇게 하면 그들도 너를
> 도로 초대하여 네게 되갚아, 네 은공이 없어질 것이다. (눅 14:12)

지금 우리는 잔치 이야기를 하는 중입니다. 예수께서 활동하던 당시 세계에서 잔치는 대부분 사람이 일생에 한 번 경험할까 말까 한 엄청난 사건이었습니다. 잔치는 때때로 한 주 내내 이어지기도 했습니다. 잔치의 주인, 주최자는 손님에게 대접하는 포도주와 식사에 비용을 아끼지 않았습니다. 그런 주인을 향해 예수께서는 호의를 되갚아 줄 수 있는 친척이나 친구들을 초대하지 말라고 말씀하시는 것입니다.

아니, 호의를 받았으면 되갚을 줄도 알아야지요. 잔치에 초대해도 답례할 줄 모르는 그런 사람을 뭐하러 초대합니까. 그게 바로 잔치를 열고 초대하는 이유 아닙니까? 그렇다면 예수께서는 누구를 잔치에 초대하라고 말씀하시는 것입니까?

> 잔치를 베풀 때는, 가난한 사람들과 지체에 장애가 있는 사람들
> 과 다리 저는 사람들과 눈먼 사람들을 불러라. 그리하면 네가 복
> 될 것이다. 그들이 네게 갚을 수 없기 때문이다. (눅 14:13~14)

다시 말해 우리에게 갚아 줄 능력, 잔치를 열어 우리를 초대할 능력이 전무한 이들을 초대하라는 것입니다. 아무것도 줄 것이 없는 사람들을요. 이제 모든 사람, 잔치 주최자와 손님 모두가 이 낯설고 새로운 식사 예절에 혼란스러워합니다. 이 모든 잔치에 관한 이

야기를 들은 손님 중 하나가 위대한 구원의 날, 메시아가 베푸는 잔치에 관한 분명한 암시를 발견합니다. 그는 외칩니다. "주님의 나라에서 음식을 먹는 사람은 복이 있습니다."(눅 14:15)

"마침내 주님 나라가 임하는 날, 우리는 얼마나 행복할까", "천국에 이르는 그 날, 우리는 얼마나 행복할까" 이런 경건한 말들에는 메시아께서 오시는 날 무언가 좋은 일이 일어나리라는 기대, 그분이 약속하신 잔치에 참여하게 되리라는 기대가 담겨 있습니다. 예수께서는 이렇게 물으시는 듯합니다. "너도 식탁에 앉기를 원하느냐. 자, 식탁은 이렇게 이루어져 있단다." 이제 그분은 사람들을 향해 성대한 잔치에 관한 이야기를 들려주십니다.

내부자와 외부자

어떤 사람이 큰 잔치를 베풀고, 많은 사람을 초대하였다. 잔치 시간이 되어, 그는 자기 종을 보내서 "준비가 다 되었으니, 오십시오" 하고 초대받은 사람들에게 말하게 하였다. 그런데 그들은 모두 하나같이 핑계를 대기 시작하였다. 한 사람은 그에게 말하기를 "내가 밭을 샀는데, 가서 보아야 하겠소. 부디 양해해 주기 바라오" 하였다. 다른 사람은 "내가 겨릿소 다섯 쌍을 샀는데, 그것들을 시험하러 가는 길이오. 부디 양해해 주기 바라오" 하고 말하였다. 또 다른 사람은 "내가 장가를 들어서, 아내를 맞이하였소. 그러니 가지 못하겠소"하고 말하였다. 그 종이 돌아와서, 이것을 그대로 자기 주인에게 일렀다. 그러자 집주인이 노하여 종

더러 말하기를 "어서 시내의 거리와 골목으로 나가서, 가난한 사람들과 지체에 장애가 있는 사람들과 눈먼 사람들과 다리 저는 사람들을 이리로 데려오너라" 하였다. 그렇게 한 뒤에 종이 말하였다. "주인님, 분부대로 하였습니다만, 아직도 자리가 남아 있습니다." 주인이 종에게 말하였다. "큰길과 산울타리로 나가서, 사람들을 억지로라도 데려다가, 내 집을 채워라." 내가 너희에게 말한다. 초대를 받은 사람들 가운데서는, 아무도 나의 잔치를 맛보지 못할 것이다. (눅 14:16~24)

먼 옛날, 한 남자가 잔치를 열기로 했습니다. 그는 성대하고 화려한 잔치를 열기 위한 노력을 아끼지 않았습니다. 자신의 잔치를 '올해의 잔치'로 만들 생각이었습니다. 마침내 모든 준비가 다 되었고 하인들을 통해 사람들에게 초대장을 보냈습니다.

오십시오, 당신이 고대한 일생일대의 잔치, 모두가 기다리던 잔치가 이곳에서 열립니다. 때가 왔고 기다림의 시간은 끝났습니다. 식탁이 준비되었습니다. 오십시오.

하지만 초대받은 이들의 반응은 충격적이었습니다. 잔치에 오지 못하겠다면서 이런저런 핑계를 댄 것입니다. 지금, 우리는 잔치 이야기를 하는 중입니다. 일생에 한 번 있을 법한 성대한 잔치 말입니다. 그 어떤 핑계도 주최자에게는 심각한 모욕으로 들릴 만큼 큰 잔치라는 점을 기억해야 합니다.

실은 이런 초대에 핑계를 대는 것 자체가 터무니없는 일입니다. 가축 때문에, 재산 때문에, 아내 때문에 잔치에 못 간다는 이야기는 집은 샀지만 집이 어디 있는지 모르고, 차는 샀지만 운전은 하지 않는, 결혼을 해 놓고는 정작 다른 사람과 살고 있는 것처럼 어처구니없는 일입니다. 특히 고대 근동 사회에서 가축과 재산 때문에, 장가를 들어서 못 간다는 핑계는 말도 안 되는, 모욕적이리만치 우스꽝스러운 핑계였습니다. 우리는 이토록 터무니없는 핑계를 대가며 초대를 거절한 이들의 이야기를 듣던 당시 청중들이 '말도 안 된다'며 데굴데굴 구르며 웃는 장면을 그려 볼 수 있습니다. 하인이 그 이야기를 전하자 잔치를 주최한 주인은 화가 머리끝까지 납니다. 그래서 초대 손님 목록을 대대적으로 뜯어고칩니다. 주인은 하인에게 다시 지시합니다. "거리로 나가서 도시의 길거리에서 가난한 사람들과 지체에 장애가 있는 사람들과 눈먼 사람들과 다리 저는 사람들을 데려오너라."

마태는 이 부분을 더욱 강조하며, 주인이 하인에게 "악한 사람이나, 선한 사람이나, 만나는 대로 다" 데려와 잔치 자리를 채우도록 명했다고 전합니다.* 그렇게, 그들이 잔치 자리에 나왔습니다. 가난한 사람, 몸이 불편한 사람이 부자나 건강한 사람보다 더 나은 사람이어서, 더 통찰력이 있어서 잔치에 초대받은 것이 아닙니다. 의기소침한 마음으로, 달리 갈 곳이 없어 초대에 응한 것뿐입니다.

---

* "'너희는 네 거리로 나가서, 아무나, 만나는 대로 잔치에 청해 오너라.' 들은 큰길로 나가서, 악한 사람이나, 선한 사람이나, 만나는 대로 다 데려왔다. 그래서 혼인 잔치 자리는 손님으로 가득 차게 되었다." (마 22:9-10)

다른 문이 닫혀 있었기에 열린 문을 택한 것이고, 배가 고파서 그 자리에 온 것이지요. 그러나 이보다 더 나은 이유가 필요할까요? 앞서 고향 회당에서 예수께서 전한 설교에는 이미 이 손님 명단이 뜻밖의 인물들로 채워지리라는 암시가 담겨 있었습니다.

> 주님의 영이 내게 내리셨다.
> 주님께서 내게 기름을 부으셔서,
> 가난한 사람에게 기쁜 소식을 전하게 하셨다.
> 주님께서 나를 보내셔서, 포로 된 사람들에게 해방을 선포하고,
> 눈먼 사람들에게 눈 뜸을 선포하고,
> 억눌린 사람들을 풀어주고,
> 주님의 은혜의 해를 선포하게 하셨다. (눅 4:18~19)

나사렛에서 예수의 설교를 들은 청중이 그랬듯 우리도 그분이 말씀하신 "은혜의 해"가 우리를 위한 날이라 추측합니다. 그런 기쁜 소식을 들어 마땅한 사람들, 받아들일 만한 사람들이 '우리' 말고 또 누가 있겠습니까. 하지만 예수는 그런 군중을 향해 엘리야가 도움이 필요했던 이스라엘의 선량한 여인들을 제치고 이방인 과부에게 갔던 일을 상기시키십니다. 또한 예언자 엘리사는 이스라엘에 있던 선량한 나병 환자들이 아닌 시리아인만을 치유했다는 이야기도 덧붙이십니다.* 내부자들이 말씀을 듣기를 거부할 때 때로 주님

---

* "엘리야 시대에 삼 년 육 개월 동안 하늘이 닫혀서 온 땅에 기근이 심했을 때, 이스라엘에 과부들이 많이 있었지만, 주님이 엘리야를 그 많은 과부 가

께서는 외부자들에게 가십니다.

예언자들은 하나같이 고향 사람들에게(엘리야, 엘리사, 그리고 예수까지) 거의 받아들여지지 못했습니다. 그도 그럴 것이 참된 예언자는 우리가 아닌 거룩한 창조주께서 받아들이신 사람이고, 우리가 듣고 싶은 이야기가 아니라 그분이 하시는 이야기를 선포하는 사람들이니까요.

이제 예수는 모두를 향해 이야기하십니다(그리스어 성서에서는 이 대목에서 목적어가 단수에서 복수로 바뀝니다).

> 내가 너희에게 말한다. 초대를 받은 사람들 가운데서는, 아무도 나의 잔치를 맛보지 못할 것이다. (눅 14:24)

이 이야기를 들은 사람들은 화를 냅니다. 실은 제게도 그다지 달갑지 않은 이야기이기는 합니다. 교회에 꼬박꼬박 나가고, 십일조를 하고, 규율을 지키며 주님을 꽤 사랑한다고 자부하는 제게 하늘 아버지께서 나를 사랑하시는 만큼이나 저 모든 외부자도 사랑하신다고 말씀하시는 셈이니까요. 당시 군중은 얼마 전까지만 해도 동네에서 자주 보던 얼치기 청년의 설교를 듣고 싶어 하지도 않았고, 바리새인의 식탁을 누구나 앉을 수 있는 만만한 장소로 깎아내리고 싶지도 않았습니다.

운데서 다른 아무에게도 보내지 않으시고, 오직 시돈에 있는 사렙다 마을의 한 과부에게만 보내셨다. 또 예언자 엘리사 시대에 이스라엘에 나병 환자가 많이 있었지만, 그들 가운데서 아무도 고침을 받지 못하고, 오직 시리아 사람 나아만만이 고침을 받았다." (눅 4:25-27)

주님께서 외부자들에게도 은총을 베푸신다는 좋은 소식은 우리 내부자들에게는 나쁜 소식으로 들립니다. 배가 두둑하고 손에 많은 것을 잔뜩 움켜쥐고 있는 부자는 자기 재산을 자신의 업적으로 여기기 마련입니다. 그렇게 배가 부른 우리는 거저 주시는 선물을 구하지 않습니다. 그래서 우리는 선물을 받지 못합니다. 우리가 움켜쥔 커다란 재산은 그만큼의 빈곤을 낳습니다. 우리는 몸을 웅크려 집에 머물면서 전자레인지로 음식을 해 먹고 텔레비전을 보고 '나'의 통증과 고통에만 눈을 두느라 초대에 응하지 않습니다. 그래서 잔치는 우리 없이 시작해 버립니다.

> 너희, 지금 배부른 사람들은 화가 있다. 너희가 굶주리게 될 것이기 때문이다. (눅 6:25)

우리는 옷은 잘 차려입었으나 갈 곳이 없습니다.

초대

잔치에 관한 이 비유의 주요 주제는 결국 기쁨입니다. 초대받는 기쁨에 관한 이야기지요. 이 초대에 기꺼이 응하기 위해 필요한 조건은 '배고픔'뿐입니다. 우리 모두는 배가 고플 때가 있고, 어떤 이들은 늘 배가 고픕니다. 어떤 사람은 가진 것이 너무 없어 배가 고프고, 어떤 사람은 가진 것이 너무 많아서 배가 고픕니다. 하지만 그 모두가 배고픔입니다. 가난한 사람은 가난으로 인한 수치심과, 삶의 구석구석 가난이 배어드는 고통에 대해 말할 수 있을 테고,

부유한 사람은 겉은 다 채워져 있어도 의미와 사랑에 고프고, 공허감으로 앙상해진 내면에 대해 이야기할 수 있을 것입니다. 이제 이들 모두를 향해 위대한 초대장이 주어집니다.

누군가 위대한 선교사이자 전도자였던 D. T. 나일즈D.T.Niles에게 '전도란 무엇입니까?'라고 물었습니다. 이 물음에 나일즈는 전도란 그저 배고픈 거지가 다른 거지에게 어디에 가면 빵을 먹을 수 있는지를 알려 주는 것이라고 답했습니다. 그렇습니다. 전도란 배부른 연사가 방송에 나와 배부른 시청자를 위해 달콤한 말들을 해주는 것이 아닙니다. 전도란 '우리'와 '그들' 사이에 더 많은 벽을 세우는 일이 아닙니다. 작고 아늑한 배타적인 모임을 만들어 끼리끼리 서로를 먹여 주는 일도 아닙니다. 전도는 (어떠한 배고픔이든) 배고프고 가난한 이들을 찾아가 그들에게 먹을 것이 어디에 있는지 알려주는 일입니다. 이것이 먹을 것이 어디 있는지 알고 있는 사람이 배고픈 사람에게 지켜야 할 예의입니다.

> 눈먼 사람이 보고, 다리 저는 사람이 걸으며, 나병 환자가 깨끗하게 되며, 듣지 못하는 사람이 들으며, 죽은 사람이 살아나며, 가난한 사람이 복음을 듣는다. 나에게 걸려 넘어지지 않는 사람은 복이 있다. (마 11:5)

'이것이 하늘나라의 증거가 아니면 무엇이 증거란 말이냐.' 예수께서는 의아해하셨습니다. 실천의 차원에서, 이는 그리스도인인 우리가 '어떻게' 사람들을 주님의 식탁에 초대할지에 더 많은 관심을 기울여야 한다는 뜻입니다. 사람들을 식사에 초대할 때는 말도, 예절도 복음에 바탕을 두어야 합니다. 달리 말하면 우리의 초대가 상대에게 좋은 소식, 기쁜 소식으로 다가가야 한다는 것입니다. 복음이란 본래 좋은 소식이니까요. 전통적으로 교회에서는 이런 말로 사람들을 초대하곤 했습니다.

> 진심으로 죄를 회개하고, 이웃을 사랑하십시오.
> 이웃에게 자선을 베풀고 주님의 명령을 따르며,
> 새로운 생명이 이끄는 대로 사십시오. 거룩한 길을 걸으십시오.
> 신앙에 걸맞은 삶을 살도록 하십시오.
> 이 거룩한 성사를 당신의 위로로 삼으십시오.
> 전능하신 분께 철저히 무릎 꿇고 겸손한 고백을 드리십시오.

물론 이런 초대도 좋습니다만 더 가볍고 따뜻한 초대 역시 가능합니다.

> 당신의 백성을 위해 주님께서 선물을 주셨습니다.
> 여기에 그 선물이 있습니다.
> 우리의 주님이신 그리스도께서
> 이 기쁨의 잔치를 열어주셨습니다.
> 그분께서 우리 모두를 이 잔치로 초대하십니다.

성찬을 할 때 사람들을 식탁으로 초대하는 방식을 보면 사람들에게 도움을 주기보다는 해를 입히는 것은 아닐까 염려되기도 합니다. 지나치게 상세하고 형식적인 가르침은 도움보다는 방해에 가깝지 않을까요. 군대처럼 엄격하게 획일화된 규율은 식사를 나누는 자리보다는 연병장에서 유용할 것 같습니다. 식탁으로 사람들을 초대하는 우리의 말과 규칙에는 환대와 자비가 넘쳐야 합니다. 어쩌면 우리는 너무 많은 규칙과 가르침을 남발하고 있는 것일지 모릅니다. 성령의 인도를 따라 나온 이에게는 "주님의 식탁으로 나오십시오"라는 단순한 말과, 음식을 받고 자리로 돌아갈 방법 정도만 전하면 충분하지 않을까요. 주님께서는 우리를 기쁨의 잔치에 초대하신 것이지 군사 훈련에 소집하신 것이 아니니 말입니다.

오늘날 누군가가 교회를 향해 "당신이 그리스도의 몸입니까, 아니면 우리가 다른 누군가를 찾아보아야 합니까?" 물을 때, 우리가 참된 교회인지를 가늠해 볼 수 있는 유일하고도 진실한 시험대는 주님의 말씀과 그분의 삶뿐입니다. 우리는 여기저기가 아프고, 다친 사람들, 누구도 함께 식사하고 싶어 하지 않는 이들, 따돌림 당하는 이들을 상석에 앉히고 그들에게 좋은 것들을 먹이며 이렇게 반문할 것입니다. "이것이 교회가 아니면 무엇이겠습니까?"

그리고 날마다 한 마음으로 성전에 열심히 모이고, 집집이 돌아가면서 빵을 떼며, 순전한 마음으로 기쁘게 음식을 먹고, 주님을 찬양하였다. 그래서 그들은 모든 사람에게서 호감을 샀다. 주님께서는 구원받는 사람을 날마다 더하여 주셨다. (행 2:46~47)

◇ 예수께서 활동하던 당시 세계에서 _____는 대부분 사람이 일생에 한 번 경험할까 말까 한 엄청난 사건이었습니다. _____는 때때로 한 주 내내 이어지기도 했습니다. (109쪽)

◇ 나사렛에서 예수는 군중을 향해 _____가 도움이 필요했던 이스라엘의 선량한 여인들을 제치고 · 이방인 과부에게 갔던 일을 상기시키십니다. 또한 예언자 _____는 이스라엘에 있던 선량한 나병환자들이 아닌 시리아인만을 치유했다는 이야기도 덧붙이십니다. (113쪽)

◇ 누군가 위대한 선교사이자 전도자였던 D.T. 나일즈에게 '_____란 무엇입니까?'라고 물었습니다. 이 물음에 나일즈는 _____란 그저 배고픈 거지가 다른 거지에게 어디에 가면 빵을 먹을 수 있는지를 알려 주는 것이라고 답했습니다.

생각해 보기

◇ 초대받은 이가 오지 못하여 거리에서 만난 사람을 무작위로 초대한 주인의 이야기를 다시 생각해보세요. 당신이 주인이라면 어떻게 했을까요?

◇ D.T. 나일즈는 "전도란 배고픈 거지가 다른 거지에게 어디

에 가면 빵을 먹을 수 있는지를 알려주는 것"이라고 답했습니다. 이에 대한 당신의 생각을 나누어봅시다.

◇ 당신이 출석하는 교회의 성찬은 잔치인가요? 어떤 부분이 잔치라고 느끼게 하나요? 그렇지 않다면 그 이유도 나누어봅시다.

성찬, 이 믿기지 않는 식탁에서 빵을 떼며

그리스도인들은 거룩한 분과 교감을 나눈다고 믿습니다.

그분의 영이 자신들의 영을 활기 있게 하고

피를 따뜻하게 하며 마음을 기쁘게 한다고 믿습니다.

마치 포도주처럼 말입니다.

이 특별한 식사를 함께하는 것은,

우리의 가장 기본적인 인간됨의 수준에서 만나는 것이며

음식에 대한 필요뿐 아니라 서로에 대한 필요를 포함합니다.

나의 공허를 채우기 위해 나는 당신이 필요하고,

당신도 같은 이유로 나의 도움이 필요합니다.

그래도 남아 있는 공허감이 있다면,

함께 그 속에 발을 담그거나 함께 보듬어 보는 것 …

우리를 가장 인간답게 만들고 형제와 자매로

만드는 것은 바로 이런 것이 아닐까요.

지나치는 모든 사람들의 얼굴을 찬찬히 바라보며

가슴으로 되뇌어 보십시오.

그리스도께서 당신을 위해 돌아가셨습니다.

저 소녀, 저 멍청이, 저 사기꾼, 저 악당, 저 성인,

저 바보 천치를 위해 그리스도께서는 죽으셨습니다.

그리스도께서 당신을 위해

죽으신 것을 기억하며 이 빵과 포도주를 드십시오.

- 프레데릭 비크너 -

제6장

굶주리는 사람들은 복이 있다

예수께서 빵 다섯 개와 물고기 두 마리를 손에 들고,
하늘을 우러러 쳐다보시고 그것들을 축복하신 다음에,
떼어서 제자들에게 주시고, 무리 앞에 놓게 하셨다.
그들은 모두 배불리 먹었다. 그리고 남은 부스러기를 주워 모으니,
열두 광주리나 되었다.

- 누가복음 9장 16~17절 -

배고픔

신학교에서 예배학을 가르치게 되어, 어떻게 하면 학생들에게 성찬의 풍요로운 가능성을 일깨울 수 있을지 로마 가톨릭 전례학자에게 조언을 구한 일이 있습니다. 그는 말했습니다. "요리 수업을 진행하셔야죠." 저는 화들짝 놀라 성찬과 요리 수업이 무슨 상

관이 있느냐고 물었습니다. 그는 말했습니다. "배고픈 사람들에게 좋은 음식을 나누어 주는 기쁨을 배우는 게 먼저니까요."

예수도 이 사실을 아셨습니다. 그분은 배고픔으로 인한 고통과 음식의 치유력을 아셨습니다. 그래서 그분은 설교하고, 병을 고쳐 주었을 뿐 아니라 사람들을 먹이셨습니다.

> 나는 생명의 빵이다. 내게로 오는 사람은 결코 주리지 않을 것이요, 나를 믿는 사람은 다시는 목마르지 않을 것이다. (요 6:35)

또한 그분은 사역을 시작하며 제자들에게 세상의 배고픔에 맞서겠다고 약속하셨습니다.

> 너희 가난한 사람들은 복이 있다.
> 거룩한 아버지의 나라가 너희의 것이다.
> 너희 지금 굶주리는 사람들은 복이 있다.
> 너희가 배부르게 될 것이다 (눅 6:20~21)

여기서 언급하는 "가난한 사람들", "굶주리는(배고픈) 사람들"은 말 그대로 가난하고 배고픈 사람들입니다. 마태는 같은 설교를 이렇게 기록합니다.

> 마음이 가난한 사람은 복이 있다.
> 하늘나라가 그들의 것이다. …

의에 주리고 목마른 사람은 복이 있다.

그들이 배부를 것이다. (마 5:3,6)

어떤 이들은 마태가 팔복에 "마음이", "의에"라는 말을 추가하면서 이 가르침을 다소 '영적인' 가르침으로 만들었다고 오해합니다. 마태가 우리 몸의 필요, 이를테면 빈곤, 배고픔, 목마름과 같은 문제에는 별 관심이 없었고 그래서 본래 구절을 상징적, 은유적, 영적인 구절로 만들었다고 보는 것입니다. 하지만 이러한 해석은 유대교의 인간관에도 들어맞지 않고, 가난과 굶주림의 본성을 고려해 보았을 때도 적절하지 않습니다. 1세기 유대인은 몸과 영혼을 분리해서 이해하지 않았습니다. 그들은 몸과 영혼을 하나의 인격 안에 있는 부분으로 여겼으며, 몸에 영향을 미치는 것은 영혼에도 영향을 미친다고 생각했습니다(그 반대도 마찬가지입니다). 그리고 우리도 경험을 통해 이를 알고 있습니다.

배고픔과 영혼의 허기는 분리되지 않습니다. 가난은 추상적인 관념이 아닙니다. 가난은 우리의 머리와 마음뿐 아니라 전 존재에 영향을 미칩니다. 만성적인 가난은 다양한 측면에서 정서에 해로운 영향을 미칩니다. 현대 의학은 마음의 건강과 몸의 건강이 긴밀하게 연결되어 있음을 분명하게 보여줍니다. 음식이나 옷, 집이 없어 가난한 사람이 "마음이 가난한 사람"입니다. 주님의 의에 목말라하는 이들은 곧 주님께서 당신의 백성을 위해 베푸시는 모든 선물에 "주리고 목" 말라 하는 이들입니다.

그러므로 마태의 팔복 구절을 두고 배고픔이 실제 배고픔이 아나라거나 예수께서 현실에서의 가난을 두고 한 이야기가 아니라고, 여기에 보다 내적이고 영적이고 하늘의 뜻이 담겨 있다고 주장(안타깝게도 때로 교회에서는 이렇게 이야기합니다)하는 것은 본문을 왜곡하는 것입니다. 이른바 '영적인' 태도, 영혼과 육체를 분리하고 영혼을 육체보다 높이 보는 태도로 드리는 예배는 우리를 주님의 뜻을 따르게 하기보다는 그 뜻을 피하게 만듭니다. 아모스는 주님께서 이런 예배를 저주하시는 음성을 들었습니다.

> 나는, 너희가 벌이는 절기 행사들이 싫다. 역겹다.
> 너희가 성회로 모여도 도무지 기쁘지 않다.
> 너희가 나에게 번제물이나 곡식 제물을 바친다 해도,
> 내가 그 제물을 받지 않겠다. ...
> 시끄러운 너의 노랫소리를 나의 앞에서 집어치워라!
> 너의 거문고 소리도 나는 듣지 않겠다. (암 5:21~23)

주님께서 원하시는 예배는 어떤 예배입니까? 빵과 같은 평범한 물질, 우리 삶에서 기본적인 것으로 드리는 예배입니다. 행위와 연결되지 않는 영적인 말은 무의미합니다. 사랑의 행위 없는 사랑은 사랑이 아닙니다. 거룩하신 창조주께서 아모스에게 말씀하십니다.

> 너희는, 다만 공의가 물처럼 흐르게 하고, 정의가 마르지 않는 강처럼 흐르게 하여라. (암 5:24)

러시아 신학자 니콜라이 베르댜예프Nikolai Berdyaev는 우리의 빵을 고민하는 것은 물질의 문제이지만 이웃의 빵을 고민하는 것은 영적인 문제라고 했습니다. 하지만 많은 이들은 '영적'이라는 말을 '현실이 아니'라는 의미로 이해합니다. 비극적인 일입니다.

배고픈 사람에게 복이 있다는 말씀은 구석구석 가난이 스며 있는 현실을 살아가는 이들, 기근과 굶주림으로 인해 언제든 고통과 죽음을 맞이할 수 있는 현실을 살아가는 사람들을 향한 말씀이었습니다. "빵으로만 살"(신 8:3, 마 4:4) 수는 없지만 빵 없이도 살 수 없습니다. 예수께서는 그 사실을 너무도 잘 알고 있는 이들을 향해 이 말씀을 하셨습니다. 몸과 영혼이 모두 가난한 이들, 배가 고파 피골이 상접한 이들을 향해 주님이 천둥처럼 말씀하십니다.

가난한 사람들은 복이 있다. … 굶주리는 사람들은 복이 있다.

지금 이 순간에도 지구 어디에선가, 누군가는 굶주린 채 죽어가고 있습니다.

불쌍히 여긴다는 것

하루가 유난히 길게 느껴지는 무덥고 힘겨운 날이었습니다. 예수와 제자들은 사람들을 피해 도시를 빠져나왔지만 소용이 없었습니다. 이른 아침부터 수많은 사람이 예수에게로 몰려왔습니다. 그들은 병약하고 노쇠한 이들을 데리고 나와 예수를 먼저 만나겠다고 실랑이를 벌였습니다. 예수는 그런 그들을 가엾게 여기셨습니다. 그래서 쉬려던 계획을 접고 오전 내내 군중에게 다가가 사람들을 고치시고, 가르치셨습니다. 한낮의 시간이 지나가는데도 사람들은 계속 예수에게로 와 예수를 만지고 보고 들으려 했습니다. 그렇게 꽤 시간이 흘렀습니다. 밀려드는 군중의 물결에 하루가 휩쓸려 지나간 것입니다. 어느새 갈릴리 언덕 아래로 해가 저물고 있었습니다. 하루가 다 가버렸다는 것을 자각한 제자들은 예수에게 호소했습니다. "군중을 돌려 보내는 게 어떨까요. 저녁 먹을 시간이 다 되었습니다. 여기는 먹을 것도 없습니다. 마을도 여기서 멀리 떨어져 있고요. 사람들을 돌려보내 각자 먹고 쉬도록 해야 하지 않을까요."

그런데 예수는 이렇게 말씀하셨습니다. "그들에게 먹을 것을 주어라." 그들 수중에는 기껏 물고기 두 마리와 빵 다섯 덩이가 있을 뿐인데 오천 명이나 되는 사람들을 먹이라니 이 얼마나 기이한 명령입니까. 이 작은 것에서 어떻게 그렇게 큰일을 기대하십니까. 그다음 일어난 일을 성서는 이렇게 기록합니다.

> 예수께서 빵 다섯 개와 물고기 두 마리를 손에 들고, 하늘을 우러러 쳐다보시고 그것들을 축복하신 다음에, 떼어서 제자들에게 주시고, 무리 앞에 놓게 하셨다. 그들은 모두 배불리 먹었다.
>
> (눅 9:16~17)

이 이야기는 엘리사가 몇 덩어리 빵으로 수백 명의 사람을 먹인 기적과 선명하게 평행을 이룹니다.

어떤 사람이 바알살리사에서 왔다. 그런데 맨 먼저 거둔 보리로 만든 보리빵 스무 덩이와, 자루에 가득 담은 햇곡식을, 주님의 사람에게 가지고 왔다. 엘리사가 그것을 사람들에게 주어서 먹게 하라고 하였더니, 그의 시종은 백여 명이나 되는 사람들 앞에 그것을 어떻게 내놓겠느냐고 하였다. 그러나 엘리사가 말하였다. "사람들에게 주어서 먹게 하여라. 주님께서 말씀하시기를, 먹고도 남을 것이라고 하셨다." 그리하여 그것을 백 명이나 되는 사람들 앞에 내놓으니, 주님의 말씀처럼 사람들이 배불리 먹고도 남았다. (왕하 4:42~44)

두 기적 모두 적은 양의 빵으로 많은 배고픈 이를 먹이는 사건입니다.

정말로 배가 고파 본 적이 있으십니까? 이 사회에서 정말 심각한 배고픔을 경험한 사람은 소수입니다. 최저 생계비와 무료 급식소에 의지하는 사람, 최소한의 먹을 것도 없이 구걸을 하는 사람은 그리 많지 않습니다. 하지만 누구에게나 잠시나마 배고팠던 기억은 있고, 이 배고픔은 우리에게 흥미로운 사실을 알려 줍니다. 살면서 가장 배가 고팠던 때를 떠올려보십시오. 공복감에 배가 고프다 못해 아프고 기운은 없고, 두통이 나고, 짜증도 나고, 얼굴에서 윤기가 사라지던 때를 기억해 보시기 바랍니다. 그때는 모든 생각과 모든 느낌이 음식에 집중되고, 꿈에서도 음식이 나오지 않던가요? 배고픔보다 더 비참한 것, 그보다 더 우리를 나락으로 떨어뜨리는 것은 거의 없습니다.

복음서에서도 인간의 배고픔은 인간의 욕구, 갈망, 소원을 생생하게 보여주는 상징으로 나옵니다. 마가는 예수께서 굶주린 오천 명의 사람을 돌아보시고, 배고픔에 지친 그들을 "(목자 없는 양 같아서) 불쌍히 여기셨다"고 (막 6:34) 기록합니다.

복음서는 몸의 허기라는 우리의 주된 현실을 축소하지 않고 이를 포괄하면서도 배고픔이 단지 빵을 먹는다고 끝나지 않음을, 몸의 기본적인 욕구 이상의 것임을 암시합니다. 우리는 빵이 고플 뿐 아니라 우리 삶을 지탱하는 여러 선물(사랑, 의미, 방향, 목적, 소망)에도 배고픕니다. 시편 기자는 울부짖었습니다.

> 내 영혼이 주님, 곧 살아계신 주님을 갈망하니
> 내가 언제 그분께로 나아가 그 얼굴을 뵈올 수 있을까. (시 42:2)

죽어가는 가난한 이들을 돌보았던 우리 시대의 성인 마더 테레사 Mother Teresa는 빵에 대한 허기가 다른 기본적인 것들에 대한 허기와 이어져 있다고 말했습니다.

> 사람들은 빵에 대한 허기뿐 아니라 사랑이 고파서 죽어갑니다. 그래서 우리는 죽어가는 이들에게 빵을 줍니다. 이들에게 빵을 건네는 것은 또한 사랑을 건네는 것이기도 합니다.

굶주린 이들을 사랑해야 한다고 주장하면서 그들의 배고픔은 그대로 내버려 둔다면, 그런 사랑은 무의미할 것입니다.

음식의 성스러움

오늘날 우리는 음식이 부족해서라기보다 걸신들린 듯한 식탐으로 인해 허기져 있습니다. 이는 우리 사회의 슬픈 단면입니다. 아이러니하게도 이런 사회에서 음식은 오히려 하찮아집니다. 우리는 길에서 얼른 주문한 음식으로 끼니를 '때우고', 얇은 고기 조각을 전자레인지에 '돌려 먹고', 즉석식품으로 아침을 '해치우고', 텔레비전을 보며 한입에 음식을 '삼켜버립니다'.

많은 이에게 식사란 외로운 일이 되었습니다. 도시화된 기술 사회에서 우리 대부분은 음식을 생산하고 준비하는 행위와 단절되었습니다. 음식이 기본적으로 공동체가 생산하는 것, 주님께서 주신 선물이고 많은 이의 땀이 모여 나온 결실이며 비옥한 땅에서 나온 산물이라는 감각을 우리는 잃어버렸습니다. 한때 유쾌한 공동체의 축제였던 식사는 홀로 앉아 일회용 포장지에 쌓인 간편 조리 식품을 먹는 행위로 축소되었습니다.

얼마 전부터 많은 사람이 "우리가 먹는 것이 곧 우리"라고 말하기 시작했습니다. 우리는 관계에 대한 허기를 먹고 마시는 것으로 채우려 합니다. 매일 양식을 얻기 위해 경쟁하면서 덧없고 피상적인 관계를 맺고, 고달프고 무의미한 일로 점철된 하루를 쳇바퀴 돌듯 살며, 무미건조한 식사를 합니다. 우리는 사는 대로 먹습니다. 놀라울 것도 없지요.

음식이 몸의 허기를 채워주니 우리의 정서적 허기, 영적 공허감도 채워주리라 착각하며 우리는 종종 과식을 합니다. 간편 조리 오트밀, 간편 조리 감자를 먹듯 우리의 인격적인 욕구도 간편하게,

즉각적으로 채울 방법을 찾습니다.

포장을 뜯어 먹고 버리면 끝인 즉석식품을 먹고 캔에 든 탄산음료를 마시듯 우리는 성性을, 친구를, 경험을 소비합니다. 음식을 먹어야만 해소되는 우리의 식탐은 우리의 깊은 모순, 마음 깊은 곳에 있는 공허를 폭로합니다. 과식, 폭식은 고도의 압박감, 불안과 직접적인 연관이 있습니다. 체중은 한 사람이 처한 상황을 보여주는 일종의 지표입니다. 저의 경우, 가족과 함께 휴식을 취하는 여름에는 체중을 조절하기 한결 쉽습니다. 하지만 일정이 빡빡해지고 원고 마감이 다가오면, 또 낮이 짧고 밤이 긴 겨울이 되면 과식이라는 부적절한 방식으로 저의 스트레스를 조절하려 합니다. 우리가 무엇을 어떻게 먹는지가 곧 우리입니다.

예수께서도 먹을 것과 마실 것에 대한 우리의 불안을 지적하셨습니다(마 6:25, 눅 12:22).* 하지만 주님께서 먹을 것과 마실 것이 없을까 불안해하는 우리에게 하신 경고를 우리 몸의 생명을 건강하게 유지시켜 주는 것들에 관심을 가질 책임을 면제시켜주는 이야기로 받아들여서는 안 됩니다. 주님은 다만 물질에 대한 집착이 우리 정신을 좀먹을 수 있음을 경고하신 것입니다. 마태복음에서도 예수께서는 "너희는 아버지와 맘몬을 함께 섬길 수 없다"고 단언

---

* "그러므로 내가 너희에게 말한다. 목숨을 부지하려고 무엇을 먹을까 또는 무엇을 마실까 걱정하지 말고, 몸을 감싸려고 무엇을 입을까 걱정하지 말아라. 목숨이 음식보다 소중하지 아니하냐? 몸이 옷보다 소중하지 아니하냐?" (마 6:25)

"예수께서 제자들에게 말씀하셨다. "그러므로 내가 너희에게 말한다. 목숨을 부지하려고 '무엇을 먹을까' 하고 걱정하지 말고, 몸을 보호하려고 '무엇을 입을까' 하고 걱정하지 말아라. 목숨은 음식보다 더 소중하고, 몸은 옷보다 더 소중하다." (눅 12:22~23)

하시고 먹을 것에 과도하게 염려하는 일을 경계하십니다. 누가복음에서는 먹을 것을 염려하지 말라는 말씀 전에 한 부유한 농부 이야기가 나옵니다. 이 이야기에서 농부는 미래를 위해 되도록 많은 것을 쌓아두려는 욕망에 사로잡혀 있습니다(눅 12:13~21). 많은 부를 쌓고 그는 혼잣말을 합니다. '영혼아, 이제 편히 쉬어라. 나를 위한 양식을 이렇게 쌓아두었으니 이제 마음 놓고 먹고 마시고 즐기자.' 물질을 과도하게 축적하고 소유하여 안전을 꾀하고자 하는 시도를 향해 성서는 "어리석다"고 평합니다. 예수께서는 말씀하십니다.

너희는 조심하여, 온갖 탐욕을 멀리하여라. (눅 12:15)

몇몇 배고픔을 음식으로 해결할 수 있다고 해서 모든 배고픔을 음식을 입에 밀어 넣는 것으로 끝장낼 수 있다는 착각에 빠지지 않게 조심하십시오. 무수히 많은 문제를 돈으로 해결할 수 있다는 이유로 모든 문제를 돈으로 풀 수 있으리라는 착각에 빠지지 않게 주의해야 합니다. 음식이나 돈이 본래 악한 것이어서 조심해야 한다는 말이 아닙니다. 그 자체는 선물이나 선물 자체에 매혹되고, 안정에 대한 욕망에 얽매이는 문제를 지적하는 것입니다. 음식과 돈의 양 자체를 문제 삼는 것도 아닙니다. 클레르보의 베르나르두스Bernard of Clairvaux는 말했습니다.

콩만 먹으면서도 사람은 식탐에 빠질 수 있다.

식탐의 문제는 우리가 무엇을 얼마나 많이 먹느냐의 문제이기보다 '어떻게' 먹느냐의 문제입니다.

탐욕을 뜻하는 그리스어 '플레오넥시아'πλεονεξία는 '너무 많이 갖고 있는 것'을 뜻합니다. 말 그대로 내가 좋자고 너무 많이 갖는 것을 뜻하는 단어입니다. 끊임없이 소비하고, 향락을 추구하며, 사치를 사랑하는 이 시대에 온갖 광고는 이것을 피우면, 저것을 마시면, 얼굴과 몸에 이것을 바르면, 우리가 그토록 찾아 헤매던 진정한 친구를 만날 수 있다고, 평화를 얻을 수 있다고, 젊어질 것이라고, 건강해질 것이라고, 불멸하게 될 것이라고 우리를 기만합니다. 탐욕스럽게 자신의 만족에만 골몰하는 이러한 분위기에서 우리는 타인의 요구에는 거의 관심을 기울이지 않습니다. 우리는 이웃이 받아 마땅한 것을 그에게 주지 않으며 주님께서 주시는 선물(음식, 물질)을 우리의 사적 소유물로 취급합니다.

하지만 예수께서는 이런 우리를 향해 잔치를 베풀려거든 가진 게 아무것도 없는 이들을 초대하라고 명령하십니다. "가난한 사람들과 지체에 장애가 있는 사람들과 다리를 저는 사람들과 눈먼 사람들"(눅 14:13)을 초대하라고 말씀하십니다. 그분은 우리에게 "일용할 양식"(마 6:11)을 구하라고 하셨지 "1년 치 식량"을 구하라고 하지 않으셨음을 기억하십시오. 앞서 언급한 이야기에서 부유한 농부는 "자기를 위해서는 재물을 쌓아 두면서도, 주님께 대하여는 부요하지 못한" 사람이라는 평가를 받습니다. 배를 곯지 않을 만큼 가진 후에도 게걸스럽고 탐욕스러운 욕망이 이어진다면, 이는 단순한 식탐보다 더 심각한 병입니다. 우리의 탐욕은 우리가 주님보다 우리 자신을 더 사랑한다는 것을 드러냅니다. 부를 숭배하는 것은 곧 우리 자신을 숭배하는 것입니다(마 6:24).*

예수께서는 우리에게 우선순위를 재정비하라고 요청하십니다. 그분은 우리에게 그저 우리 자신을 부인하고 금욕하라고 명령하시지 않습니다. 오히려 진정 만족스러운 삶으로 우리를 초대하십니다.

> 그러므로 너희는 그의 나라를 구하여라. 그리하면 이런 것들을 너희에게 더하여 주실 것이다. (눅 12:31)

앞서 이야기했듯 우리가 매일 경험하는 배고픔에도 유익이 있습니다. 공복감으로 괴롭고, 배가 꼬르륵할 때마다, 그 배고픔을 통해 우리는 우리가 창조주께서 주시는 선물, 타인이 주는 선물에 의존해 살아가는 피조물임을 기억하게 됩니다. 이제껏 나름대로 좋은 삶을 살아왔을 수도 있고, 꽤 가치 있고 오래도록 남을 무언가를 성취했을 수도 있습니다. 그렇더라도 우리는 여전히 음식과 사랑에 대한 근본적인 욕구는 극복하지 못했습니다. 우리는 여전히 음식과 사랑에 허기집니다. 이 기본적인 욕구가 우리에게 있는 한, 우리는 여전히 가난하고 의존적이며 배고프고 취약합니다. 어른이 되어서, 부자가 되어서 비교적 자급자족이 가능해졌다고 하

---

* "아무도 두 주인을 섬기지 못한다. 한쪽을 미워하고 다른 쪽을 사랑하거나, 한쪽을 중히 여기고 다른 쪽을 업신여길 것이다. 너희는 주님과 재물을 아울러 섬길 수 없다."(마 6:24)

더라도 이 기본 조건이 바뀌지는 않습니다. 우리는 여전히 배고프고, 목마르며, 사랑을 갈망하는, 늙어가는 존재입니다. 우리의 병, 우리의 삶은 여전히 치유되지 못한 채로 있습니다.

배고픔은 우리가 배고픈 존재임을 기억하게 합니다. 또 많은 동료 인간이 배고파하고 있음을, 늘 어딘가에는 그런 사람들이 있음을 기억하게 합니다. 우리에게 배고픔은 그저 일시적인 불편감일지 모릅니다. 하지만 수백만 명의 사람은 늘 배가 고픈 채 살아가고 있습니다. 이 문제를 어떻게 해야 할까요? 배고픔은 이러한 질문을 불러일으킵니다.

그러니 이 인간의 기본 조건이 어느 정도는 극복 가능하다고, 그러한 욕구에서 초연해지도록 돕겠다고 하는 종교를 조심하십시오. 저 높은 곳으로 우리를 이끌어 주겠다고, 우리를 완전히 만족시켜 주겠다고, 인간의 기본 조건에서 면제시켜주겠다고 장담하는 믿음을 경계해야 합니다. 예수께서도 배고프셨고 목마르셨습니다. 그분은 인간성의 한복판에 머무르셨습니다. 우리도 마찬가지입니다. 배고픔은 우리에게 근본적으로 채워지지 않는 공간이 있음을 기억하게 하며, 우리가 근본적으로 취약하며 의존적인 존재라는 사실을 일깨워줍니다.

배고픔의 신비를 숙고함으로 음식의 신비도 더 잘 알 수 있습니다. 이런 맥락에서 그리스도교의 오래된 수련인 금식의 의미도 다시 생각해 볼 수 있습니다. 3장에서 우리는 세례자 요한의 금식과 예수와 제자들이 벌인 잔치의 대비, 둘을 둘러싼 논쟁을 살펴본 바 있습니다. 하지만 이것이 예수께서 금식을 하지 않으셨다는 뜻은 아닙니다. 그분은 광야에서 40일간 금식하셨고 금식하고 기도하며 사역을 준비하셨습니다. 마지막 만찬 후 자신의 죽음을 준비하시면서도 금식하셨지요. 예수께서는 고대 유대인들의 금식 전통을 따르셨습니다. 겸손하게 진심으로 기도해야 할 때 빈손으로 아버지의 뜻을 받아들이려고 유대인들은 금식했습니다. 그들은 그러한 마음에 합당한 몸가짐이 금식이라 생각했습니다.

연합감리교회의 목사 후보생들은 종종 제게 묻습니다. "금식과 금욕을 신앙을 단련하는 훈련, 혹은 본보기로 권해도 좋을까요?" 이 물음에 답하기 위해 감리교의 창시자였던 존 웨슬리가 어떻게 했는지를 살펴보겠습니다. 웨슬리가 옥스퍼드에서 활동하던 시절 조직했던 홀리 클럽Holy Club은 초대교회의 관습을 좇아 일주일에 이틀(수요일, 금요일)은 금식을 했습니다. 이후에는 금요일마다 금식할 것을 권했지요. 그는 '금욕'을 금식을 덜 하는 것(몸이 좋지 않아 음식을 전혀 먹지 않는 것이 건강에 해가 될 경우 금식을 절제하는 것)으로 정의했습니다.

웨슬리는 금식을 권했습니다. 그는 금식이 안락한 삶을 살아가는 우리 자신을 스스로 단련하는 은총의 부가적인 수단이라고 보았습니다. 금식이 우리가 인간의 근본적인 현실에 닿아 있도록 도와주며, 기도에 "진지함과 열정"을 더해 준다고 본 것입니다. 하지만 그는 금식을 주님께 점수를 따는 수단, 공로패를 받는 수단으로 사용하는 일에 대해 강하게 경고했습니다. 금식의 주된 목적은 우리 자신, 우리의 욕구, 우리의 성취에서 눈을 돌려 "우리의 시선을 오직 주님께 고정"하는 데 있기 때문입니다.

그렇게 금식은 그리스도인이 절제하는 삶을 익히는 하나의 훈련이 되었습니다. 금식은 나 자신에게서 벗어나 주님과 이웃에 더욱 마음을 두려는 평생에 걸친 노력이자, 가득 찬 위장과 자아에서 시선을 돌리려는 노력 중 하나입니다. 웨슬리는 현실에 안주하는 이들, 자기만족에 빠져있는 이들을 향해 혹독한 말을 쏟아 냅니다. 1789년 설교에서 그는 그리스도교가 능력을 나타내지 못하는 이유를 이렇게 이야기합니다.

> 주님께서 사랑하시는 많은 형제가 먹을 음식이 없고, 입을 옷도 없고, 머리를 누일 집도 없이 살아갑니다. 이들이 이토록 곤경에 빠져 있는 이유가 무엇입니까? 여러분이 불경하게, 부당하게, 잔인하게, 애초에 필요한 이들에게 주라고 주인께서 당신에게 주신 것, 이웃의 것을 당신 손에 움켜쥐고 있기 때문입니다! 저 가난한 주님의 형제들, 가난에 움츠리고 있는 이들을 보십시오. … 당신이 고기와 술과 옷을 그렇게 많이 갖고 있는 동안 굶주리고 있는 이웃을 보십시오. 주님의 이름으로 말합니다. 아니, 지금 무엇을 하고 계십니까? 왜 가난한 이들과 빵을 나누지 않습니까?

금식을 통해 우리는 주님과 이웃에 대한 민감성을 키울 수 있습니다. 인간의 탐욕을 경제의 기반으로 삼고 있는 문화, 탐욕을 동력 삼아 살아가기를 권장하는 사회를 살아가며 우리는 주님께서 여건이 되는 만큼 누려도 되는 권리를 주셨다고 생각합니다. 그러나 웨슬리는 우리의 이러한 생각에 경종을 울립니다.

살 수 있는 여건이 되니까 사도 된다고 하셨습니까? 그런 헛소리를 입에 담다니, 부끄러운 줄 아십시오! 그것이 얼마나 어리석고도 부조리한 말인지 정말 모르겠습니까? 청지기가 주인의 물건을 써버리고 있으면서, 거짓으로 변명만 할 셈입니까?

청지기직과 금식은 이어져 있습니다. 잠깐의 배고픔, 잠시라도 실천한 금욕은 우리가 가난과 배고픔이라는 현실에 닿도록 도와줍니다. 우리가 의존적이고 취약한 존재임을 되새기고, 복음을 '우리를 위한 복음, 우리를 위한 기쁜 소식'으로 들을 수 있게 해줍니다.

금식이 음식의 기쁨을 예비한다면 침묵은 말의 기쁨을 예비합니다. 그러므로 주일 예배 중에도 잠시 침묵의 시간, 아무 말도 하지 않는 시간, 음악이나 어떤 소리도 없이 침묵하는 시간을 마련하는 것은 말의 기쁨을 한껏 누리는 데 도움이 됩니다. 설교자가 내내 떠들다가 막간에는 또 음악이 나오는 식으로 침묵하는 시간을 도무지 견디지 못하는 우리의 신경과민을 잠재워야 합니다. 소음이 예배를 가득 채우고 있는데 주님께서 어떻게 우리에게 말씀하실 수 있겠습니까? 침묵은 소음으로 얼룩진 예배자들의 내면을 정화해 줍니다. 침묵은 말과 노랫소리에 대한 배고픔, 소리에 대한 민감성을 키워줍니다. 기도 전, 성서를 읽기 전이나 후, 설교 전후 시간은 모두 의도적으로 침묵하기에 적절한 시간입니다. 우리에게는 생각을 모으고, 침묵을 음미할 시간이 어느 정도 필요합니다. 그래야 소리를 더욱 잘 음미할 수 있고, 일상에 과잉 공급되고 있는, 불협화음을 내는 소리들의 한복판에 주님께서 오실 공간을 마련할 수 있습니다.

초대교회가 성찬을 나누기 전 금식을 했던 것에 관해서도 같은 이야기를 할 수 있습니다. 배고픔은 성찬을 잘 맞이하기 위한 좋은 준비 과정이 될 수 있습니다. 성찬례를 하기 전, 주일 아침 많은 그리스도인이 아침을 먹지 않는 것도 이 때문입니다. 그들은 금식을 깨지break-fast 않고 예배의 자리로 나옵니다. 앞서 이야기했듯 성찬은 본질적으로 몸의 활동입니다. 그렇기에 성찬을 위한 준비 역시 몸으로 해야 합니다. 성찬을 생생하게 경험하기 위해 몸과 영혼을 깨끗이 하는 것이지요. 금식은 통상의 아침 식사보다 더 단순하고 더 근본적인 양식에 대한 식욕을 자극합니다. 주일 성찬을 위해 금식을 함으로써 우리는 일상적인 주중의 아침, 신문을 읽고, 어수선하게 시작하는 일상을 깨고, '궁극의 식사'를 준비합니다.

이 생각을 좀 더 폭넓게 적용해봅시다. 이를테면 세례를 받은 아이들이 성찬에 참여하는 문제는 어떻습니까. 이 문제를 두고 논의할 때도 우리는 성찬이 본질적으로 식사라는 점을 기억해야 합니다. 세례받은 그리스도인이 주의 식탁으로 나오는 것을 거부할 성서적, 신학적, 역사적 근거는 없습니다. 그리스도인은 세례를 통해 한 가족이 된 사람들입니다. 그렇다면 왜 아이들이 가족의 식탁에서 함께 식사하는 것을 막아야 합니까?

예수와 함께 하는 식사에 초대받기 위한 조건이 '배고픔'이라면 아이도 배고픔에 대해서는 알 만큼 알지 않겠습니까. 아니, 어쩌면 그 부분은 아이들이 더 잘 알지도 모릅니다. 아무리 어린 그리스도인이라도 생일 케이크, 학교 간식, 엄마가 만든 오트밀 쿠키에 대해서는 압니다. 성찬에는 그 이상의 의미가 있지만 적어도 그들이 성찬의 출발점은 알고 있다는 뜻입니다. 배고픔에는 나이 제한이 없습니다. 예수께서는 말씀하셨습니다.

어린이들이 내게 오는 것을 허락하고, 막지 말아라. (마 19:14)

목회적 돌봄의 모든 행위는 본질상 배고픈 이들을 먹이는 일입니다. 상담, 가르침, 치유, 격려, 인도해주는 일들, 성도들을 위로하고 성장시키기 위해 하는 모든 일이 그렇습니다. 신약성서에 처음 등장하는 교회 직제는 부제deacon였으며 이는 음식과 음료를 제공하는 집사, 혹은 종업원을 뜻했습니다. 초대교회의 부제들은 주의 만찬을 나누는 식탁에 기다리고 서 있다가 남은 음식을 가난한 이들, 병든 이들, 또 갇혀 있는 이들에게 가져다주었습니다. 항해 중 배가 커다란 위험에 빠져 배에 탄 대부분이 두려워하고 있을 때 바울은 말했습니다. "뭘 좀 먹도록 하세요. 그러면 힘이 날 겁니다." 그리고 그는 빵을 들어 주님께 감사를 드리고 떼어서 사람들과 나누어 먹었습니다(행 27:33~38). 이 빵을 먹고 두려움에 빠져 있던 사람들은 용기를 얻었습니다. 격려는 목회적 돌봄의 중요한 부분이며 이는 사람들을 초대해서 먹이고 힘을 주는 것, 그들을 섬기는 것과 밀접하게 이어져 있습니다. 이러한 맥락에서 초대교회 지도자들은 성찬을 '영혼을 위한 약'이라고 불렀습니다.

배고픈 이들을 초대할 때 그들을 기꺼이 환대해야 한다는 말에 반대할 그리스도인은 없을 것입니다. 하지만 우리는 성찬이 바로 그 환대의 자리임을 자주 잊습니다. 침울한 얼굴을 한 성직자, 군인처럼 경직된 모습으로 예식을 안내하는 사람, 고리타분한 말들, 작은 잔에 담긴 포도주 한 모금, 쩨쩨하다 싶으리만치 작은(사각형으로 썬 것이든, 손으로 뗀 것이든, 만들어진 밀전병이든) 빵 조각으로는 넉넉함을 표현하기 어렵습니다. 빵을 바라는 이들에게 딱딱한 빵부스러기를 주는 셈이라고 할까요.

출석하는 교회에서 행하는 성찬을 보며 스스로 물어보시기 바랍니다. '우리가 어떻게 하면 손님들이 우리의 저녁 식사 자리에서 환대받는다고 느낄까?' 주의 식탁이 환대의 자리임을(주의 식탁은 본래 그런 곳이지요) 경험하게 해주려면 우리는 무엇을 해야 할까요. 설교 중에는 종종 성찬의 은총을 말하면서도, 실제 성찬은 차갑고, 경직되고, 생산 라인에서 기계가 돌아가듯 비인격적인 모습이곤 합니다. 어쩌면 이는 우리의 배타성, 무심함, 그리고 배고픔에 대한 무감각을 나타내는 징후일 것입니다.

마더 테레사가 상기시켰듯, 누군가에게 빵을 건네는 일은 그에게 사랑을 주는 일이기도 합니다. 거룩한 친교의 만찬 중 누군가에게 빵을 건네는 단순한 행동은 그 자체로 중요한 사랑의 활동임에도 우리는 종종 이를 등한시합니다. 한 손에서 다른 손으로 빵 조각이 옮겨질 때 그 순간에는 무언가 신성한 일이 일어납니다. 시험지를 돌리듯 각자 빵을 집어 먹게 하는 것은 그 신비로운 순간에 대한 모욕입니다. 성체인 빵은 섬기는 이의 손에서 받는 이의 손으로 전해져야 합니다. 또 서로의 눈을 마주하고, 할 수 있다면 주는 이는 받는 이의 이름을 부르며 빵을 건네야 합니다.

(받는 이의 이름), 이는 당신에게 주는 그리스도의 몸입니다.

이 순간은 온전히 인격적으로, 또 섬세하게 이루어져야 합니다. 성찬을 집례하는 성직자가 빵과 포도주를 나눌 때 평신도 봉사자가 이를 돕는 것도 좋습니다. 이 섬김은 성도들을 먹이고 돌보는 일이 성직자들만의 것이 아니라 모든 성도가 해야 하는 일임을 기억하는 데 도움이 됩니다. 그를 통해 성도들은 그 섬김이 주일 하루를 넘어 한 주 내내 이어져야 한다는 것을 되새길 수 있습니다.

저희 교회에서도 평신도들이 빵과 포도주를 나누는 일을 돕습니다. 어떤 분들은 거룩한 친교의 식탁에서 빵과 포도주를 나누는 일을 돕기 전까지 성찬의 의미를 전혀 이해하지 못했던 것 같다고 고백합니다. 예수께서는 우리는 줌으로써 받게 된다고 말씀하셨습니다. 사랑에 관한 이 말씀은 빵에도 적용됩니다(그 반대도 마찬가지입니다). 거룩한 친교를 나누고 남은 빵은 병든 이, 갇혀 있는 이들에게 나누어 주어야 합니다. 상황이 여의치 않아 식사에 참여하지 못하는 이들에게 남은 빵을 나누는 것은 그들이 여전히 주님의 식탁에 함께 하고 있다는 징표가 됩니다. 현실적으로 그것이 어렵다면, 적어도 남은 빵과 포도주가 배고픈 세계를 위해 소중하고 유용한 선물임을 기억하고 존중하는 방식으로 이들을 처리해야 합니다. 남은 것이 없을 때까지 회중이 성찬을 계속할 수도 있고, 누군가에게 주어 집에 가져가게 할 수도 있습니다. 어떤 식으로든 주님의 식탁 위에 놓인 빵과 포도주를 허비해서는 안 되며 회중이 보는 자리에서 집례자들이 한입에 꿀꺽 삼켜버려서도 안 됩니다. 성찬에 쓰이는 빵과 포도주'만' 거룩해서가 아니라, 모든 음식과 음료가 거룩함을 기억하기 위해서 그렇게 해야 합니다.

이것을 받아라. 나누라.

이스라엘 민족이 사막에 있던 시절의 이야기입니다. 이집트를 탈출했을 때의 두려움과 흥분은 지나갔습니다. 겨우 바다를 통과해 자유를 얻었더니 이제 사막을 통과하는 고단한 여정이 남아 있습니다. 배고프고 짜증이 난 이들은 시비조로 묻습니다. "이런 데서 도대체 어떻게 빵을 구할 수 있습니까?" 그런데 놀랍게도 하늘에서 만나가 내립니다. 주님께서는 당신이 선택한 이들을 돌보십니다. 사막에서도 돌보시고, 투덜대며 은혜라고는 조금도 모르는 이들조차 돌보십니다. 그분은 배고픈 이들을 돌보시는 분입니다. 출애굽기 16장에 나오는 만나 이야기는 주님께서 사람을 돌보시는 것에 관한 경이로운 이야기입니다.

한편 이는 사람이 사람을 돌보는 것에 관한 이야기이기도 합니다. 주님은 이스라엘 백성에게 만나를 거두는 규칙을 알려주셨습니다. 필요한 만큼만, 그날의 배고픔을 해결할 만큼만 만나를 거두어야 하며 탐욕을 부려서는 안 된다는 규칙이었습니다. 그들의 욕구는 '먹고 남을 만큼 넘치게'가 아니라 '적당할 만큼'만 채워졌습니다. 또한 만나는 모두 동등하게 나눠 가져야 했습니다. 누군가 음식을 움켜쥐고 비축하려 하면 비축한 음식은 상해버렸습니다. 이 이야기는 오늘날 우리에게도 시사하는 바가 큽니다. 이후 이스라엘 백성은 사막에서 지내던 시절, 삶이 더 단출했고 더 단순했던 시절, 계급도 없던, 가진 것을 나누며 살았던 그 시절을 아쉬워하며 돌아보곤 했습니다. 우리도 마찬가지 아닌가요.

음식을 놀라운 선물, 삶이라는 여정을 지탱하기 위해 주님께서 우리에게 주신 과분한 선물로 여길 때 음식은 그 자체로 거룩해집니다. 우리가 그 선물을 움켜쥐고 비축하면 타인을 빈곤하게 할 뿐 아니라 우리 자신을 망치게 됩니다. 식탐에 빠진 채로 게으르게 앉아 세계 도처에 만연한 배고픔을, 아이들이 굶주리는 모습을 구경만 해서는 안 됩니다. 군사적, 경제적으로 든든히 비축해 둔다 해도 다가오는 심판을 피할 수는 없습니다. 미국 정부는 한때 자신이 원하는 바를 관철하기 위해 음식을 무기 삼아 다른 국가들을 협박하기도 했습니다만, 이는 거룩한 선물을 주신 주님에 대한 신성모독입니다. 음식은 소유물이 아니며 무기는 더더욱 아닙니다. 음식은 선물입니다. 하지만 우리는 주님이 주신 선물들을 헛되이, 우리 자신의 안전을 도모하는 무기로 사용하곤 했으며 음식이라는 선물도 예외는 아닙니다.

요한복음에서 종종 예수께서는 자신을 만나에 빗대십니다. 그분은 자신이 세상을 위한 빵이라 하셨습니다. 만나가 그랬듯 우리는 이 빵을 받아 서로 나누어야 합니다. 그렇게 그분은 우리가 서로 나누지 않고서는 당신이 주시는 선물을 받을 수 없음을 암시하셨습니다. 배가 고픈 이가 한 조각 빵을 얻어 이를 감사한 마음으로 먹는 것은 '식사'입니다. 배가 고픈 이가 한 조각 빵을 얻어 감사한 마음으로 빵이 없는 이와 나누는 것은 '성사'입니다.

내가 진정으로 너희에게 말한다. 너희가 여기 내 형제자매 가운데, 지극히 보잘것없는 사람 하나에게 한 것이 곧 내게 한 것이다. (마 25:40)

예수는 화해와 속죄와 칭의, 구원, 혹은 여타 거대하고 추상적인 말, 높은 곳에서 울리는 말로 주님의 나라를 선포하지 않으셨습니다(감사한 일입니다). 그분은 꼬르륵대는, 불만족스러운, 우리의 텅 빈 배에서 이야기를 시작하십니다. 그리고 우리를 식사 자리로 초대하십니다. 그렇게 우리를 먹이시고 우리에게 다른 이들을 먹이라는 책무를 주십니다. 우리의 무능함, 비겁함, 탐욕, 두려움에도 불구하고 그분은 우리에게 말씀하십니다.

내 양을 먹이라. (요 21:15~17)

제자로서도 함량 미달이고 누군가를 부양할 능력도 부족한 우리의 한계에도 불구하고 주님은 우리를 부르십니다. 음식으로 그득한 식탁, '나'로 그득한 마음에서 나오라 하시고 배고픈 이들을 가리키시며 "그들에게 먹을 것을 주라"고 하십니다. 구원의 잔을 드시더니 "이것을 취하여 함께 나누어 먹으라"(눅 22:17)고 하십니다. 그리고 당신의 말씀을 따라 감히 그 일을 할 때 우리는 (물고기 두 마리와 빵 다섯 개를 바쳤던 소년처럼) 놀랍게도 그것으로 충분하다는 것을 알게 됩니다.

그때 임금은 자기 오른쪽에 있는 사람들에게 말하기를 '내 아버지께 복을 받은 사람들아, 와서 창세 때로부터 너희를 위하여 준비한 이 나라를 차지하여라. 너희는, 내가 주릴 때 내게 먹을 것을 주었고, 목마를 때에 마실 것을 주었으며, 나그네로 있을 때 영접하였고, 헐벗을 때 입을 것을 주었고, 병들어 있을 때 돌보아 주었고, 감옥에 갇혀 있을 때 찾아 주었다' 할 것이다.

(마 25:34~36)

정리해 보기

◇ 1세기 유대인은 ＿＿＿과 ＿＿＿을 분리해서 이해하지 않았습니다. 그들은 ＿＿＿과 ＿＿＿을 ＿＿＿ 안에 있는 부분으로 여겼으며 ＿＿＿에 영향을 미치는 것은 ＿＿＿에도 영향을 미친다고 생각했습니다(그 반대도 마찬가지입니다). (125쪽)

◇ 러시아 신학자 ＿＿＿＿＿＿는 우리의 빵을 고민하는 것은 물질의 문제이지만 이웃의 빵을 고민하는 것은 영적인 문제라고 했습니다. (127쪽)

◇ 예수께서 빵 다섯 개와 물고기 두 마리를 가지고 군중을 먹이신 사건은 ＿＿＿＿＿가 몇 덩어리 빵으로 수백 명의 사람을 먹인 기적과 선명하게 평행을 이룹니다. (128쪽)

◇ 웨슬리는 ＿＿＿＿＿을 권했습니다. 그는 ＿＿＿＿＿이 안락한

삶을 살아가는 우리 자신을 스스로 단련하는 은총의 부
가적인 수단이라고 보았습니다. _____이 우리가 인간의
근본적인 현실에 닿아 있도록 도와주며, 기도에 "진지함
과 열정"을 더해 준다고 본 것입니다. (137쪽)

◇ _____은 소음으로 얼룩진 예배자들의 내면을 정화시켜
줍니다. _____은 말과 노래 소리에 대한 배고픔, 소리에
대한 민감성을 키워줍니다. (139쪽)

생각해 보기

◇ '영혼의 굶주림'은 무엇일까요? 언제 이것을 느꼈습니까?

◇ '영혼의 굶주림'이 신체에 영향을 준 적이 있었나요? (과식
을 하거나, 먹지 못하거나 등)

◇ 우리 주변에 굶주린 사람은 누가 있나요? 자신의 경험을
이야기해봅시다.

그리스도인의 삶은 새로운 정체성을 얻기 위해

세례를 받고 성찬을 나눔으로써,

주님과의 관계와 서로의 관계를 통해

자신이 정말 누구인지를

더 깊게 발견해 나가는 여정입니다.

성찬은 이 새로이 얻게된 '관계적 정체성'을

기념하는 활동으로도 볼 수 있습니다.

성찬례를 통해 우리는 아버지와 함께하는 예수,

그의 감사를 나누는 방식으로 서로가 함께하기 때문입니다.

- 마크 매킨토시 -

읽기 전 생각해 보기

- 누군가에게 약속을 하고 지키지 못한 경험이 있습니까? 혹은 누군가가
  약속을 지키지 않아서 피해를 본 경험이 있습니까? 그러한 경험과 그때
  느낀 점 등을 나누어 봅시다.

제7장

다락방

너희는 내가 시련을 겪는 동안에 나와 함께 한 사람들이다.

내 아버지께서 내게 왕권을 주신 것과 같이, 나도 너희에게 왕권을 준다.

그리하여 너희가 내 나라에 들어와 내 밥상에서 먹고 마시게 하고,

옥좌에 앉아서 이스라엘의 열두 지파를 심판하게 하겠다.

- 누가복음 22장 28~30절 -

유월절

복음서는 여러 식사 장면을 묘사하고 있습니다. 하지만 그중에서도 가장 기억할 만한 식사는 다락방에서의 마지막 식사일 것입니다(눅 22:7~38, 막 14:12~16). 누가는 그 마지막 식사가 유월절 식사였다고 기록합니다. 유월절 식사는 이스라엘 민족이 노예에서 해

방된 사건을 기억하고 이스라엘의 정체성을 기념하는 축제였습니다. 그들은 유월절 식사를 통해 자신들이 구원받고, 사랑받고, 선택받은 주님의 백성임을 기억했습니다. 이스라엘 민족에게 유월절 식사는 큰 기쁨의 시간, 감사의 시간, 축제의 시간이었습니다. 다락방에 모여 주님과 식사를 하는 제자들에게도 이 식사는 해방의 시간, 구원의 시간이었습니다. 훗날 제자들이 이 식사(이 식사는 예수께서 주관하셨다고 명시된 유일한 식사였습니다)를 할 때마다 그들은 자신들이 죽음에서 삶으로, 노예에서 자유인으로 '넘어'왔음을 기억했습니다. 유월절 식사는 그 '넘어'옴의 징표가 되었습니다.

네 가지 대화

때는 유월절입니다. 수천의 무리가 시끌벅적 떠들면서 기뻐하며 예루살렘으로 오르는 중입니다. 하지만 한편에서는 짙은 어둠의 물결이 예수와 제자들을 덮습니다. 종교 지도자들은 "예수를 없애버릴 방책을 찾고"(눅 22:2), 유다는 자신의 선생을 배신하고 예수의 적들과 거래를 합니다. 폭풍 구름이 몰려오고 있습니다. 누가는 이 두 행렬을 극명히 대조시킵니다.

빛과 어둠이 이처럼 선명히 대비되는 상황에서 예수와 제자들이 다락방에 모였습니다. 해가 지고 난 직후, 낮을 밝히던 마지막 빛이 달아나고 도시에 어둠이 내립니다. 제자들이 식탁에 둘러앉았고 예수께서는 식사를 시작하기 전 예언을 하십니다.

유월절이 아버지 나라에서 이루어질 때까지, 나는 다시는 유월절

음식을 먹지 않을 것이다. (눅 22:16)

주님의 나라에서, 약속된 성대한 잔치에서 먹게 될 그 날이 올 때까지, 그분은 다시는 유월절 음식을 먹지 않으실 것이라고 말씀하십니다. 이 식사가 끝나면 금식과 슬픔의 시간이 찾아올 것입니다. 잔치가 끝나가고 있습니다.

유대 식사 관습을 따라 예수께서는 잔을 들어 포도주를 축복하셨습니다(바울은 이를 "축복의 잔"(고전 10:16)이라고 불렀습니다). 감사 기도를 드린 후 포도주가 담긴 잔을 제자들에게 나누어주시며 예수께서는 금식에 대한 또 다른 예언을 하십니다.

나는 이제부터 아버지의 나라가 올 때까지, 포도나무 열매에서
난 것을 절대로 마시지 않을 것이다. (눅 22:18)

이제 주님은 빵을 들어 올리십니다. 당시 빵은 주식이었습니다. 유월절은 본래 양고기를 먹는 절기지만 아주 가난한 사람들은 빵으로 만족해야 했습니다. 그분은 빵을 두고 감사 기도를 드리신 후 빵을 떼어 식탁에 앉아 있는 이들에게 나누십니다. 여기까지의 행동은 유대인들에게 통상적인 식사 의례였습니다. 그런데 이어서 예수께서는 낯설고도 충격적인 말씀을 하십니다.

이것은 내 몸이다. (눅 22:19)

도대체 이 말은 무슨 뜻일까요?

오늘날 교회는 이를 그리스도께서 '성찬을 제정하신 말씀'으로 기억합니다. 하지만 그처럼 의례적인 측면만 집중하다 보면 우리는 이 식사 전체가 지닌 풍요로운 의미를 놓치게 됩니다. 이 마지막 식사는 "이것은 내 몸이다"라는 선언 이상입니다. 중세 시기와 종교개혁 시기 전례에서는 안타깝게도 식탁에서 나눈 전체 이야기를 생략하거나 등한시하고 저 선언에만 초점을 맞추곤 했습니다. 다락방에서 나눈 마지막 식사의 중요성은 지금까지 언급한 모든 식사와 연결되어 있습니다. 저 선언을 들으며 이제껏 예수께서 누구와 식탁에 앉으셨으며, 어떤 대화를 나누셨고, 어떤 이야기를 하셨는지를 함께 기억해야 합니다.

다락방 식탁에서의 대화는 크게 네 부분으로 나뉘어 있습니다. 먼저 식사를 하시면서 예수께서는 폭탄선언을 하십니다.

> 보아라, 나를 넘겨줄 사람의 손이 나와 함께 상 위에 있다.
>
> (눅 22:21)

식탁에 둘러앉은 제자들이 당혹스러워하며 묻습니다. "그 사람이 접니까?" 레오나르도 다빈치Leonardo da Vinci의 대표작 중 하나인《최후의 만찬》The Last Supper은 바로 이 순간을 그린 작품입니다. 제자들은 "자기들 가운데 이런 일을 할 사람이 누구일까 하고, 자기들끼리 서로 물었"(눅 22:23)습니다. 이 부분에 주목하십시오. 식탁에 앉은 사람이라면 누구든 예수를 배반하는 사람이 될 수 있었습니다.

누구도 그 유혹에서 안전하지 않습니다.

그다음 제자들은 주님의 나라가 임하면 그 나라에서 누가 가장 높은 자리에 앉을지를 두고 논쟁을 벌입니다(눅 22:24~27). 이 논쟁이 다른 곳에서 일어났다고 기록한 복음서도 있습니다만(막 9:23, 요 13:3~6) 극적으로 이야기를 구성하는 능력이 탁월했던 누가는 논쟁을 마지막 식사에 배치합니다. 그렇게 그는 제자 중 누구도 고난받는 종으로서의 예수, 가난한 이들과 추방당한 이들을 위한 나라인 주님의 나라를 이해하지 못했음을 보여줍니다. 3년이나 예수의 설교를 듣고 그분에게 가르침을 받았지만, 제자들은 여전히 '언제쯤 그분이 왕좌에 오르실까, 누가 그분이 통치하는 나라의 권력자가 될까'를 두고 논쟁하고 있습니다. 이전에도 이와 비슷한 논쟁이 있었습니다. 초기부터 제자들은 이를 두고 다퉜습니다.

> 제자들 사이에서는, 자기들 가운데서 누가 가장 큰 사람이냐 하는 문제로 다툼이 일어났다. 예수께서 그들 마음속의 생각을 아시고, 어린이 하나를 데려다가, 곁에 세우시고, 그들에게 말씀하셨다. "누구든지 내 이름으로 이 어린이를 영접하면 나를 영접하는 것이요, 누구든지 나를 영접하면 나를 보내신 분을 영접하는 것이다. 너희 가운데에서 가장 작은 사람이 큰 사람이다."
>
> (눅 9:46~48)

마지막 식사를 하는 다락방에서, 예수는 마치 처음 논쟁하던 그 날 제자들에게 하신 말씀에 덧붙이듯 말씀하십니다.

너희 가운데서 가장 큰 사람은 가장 어린 사람과 같이 되어야 하고, 또 다스리는 사람은 섬기는 사람과 같이 되어야 한다. 누가 더 높으냐? 밥상에 앉은 사람이냐, 시중드는 사람이냐? 밥상에 앉은 사람이 아니냐? 그러나 나는 섬기는 사람으로 너희 가운데 있다. (눅 22:26~27)

뮤지컬 《지저스 크라이스트 슈퍼스타》Jesus Christ Superstar에서는 이 장면을 생생하게 묘사합니다. 유월절 밤, 예수께서 제자들과 음식을 나누시며 십자가에서의 수치스러운 죽음을 준비하시는 동안 제자들은 포도주를 한 잔, 두 잔 들이켜다 급기야 이런 노래를 부릅니다.

이제는 부드러운 포도주에 밤새 취해야지.

힘든 시험과 시련을 겪었으니.

우리 좀 방해하지 마오. 이제는 답을 알고 있으니까.

아침이 저녁이 될 때까지 우리 인생 좋기도 하여라.

우리는 언제나 사도가 되고 싶었지.

그리고 노력하면 될 줄 알았다네.

우리가 은퇴를 하면 복음서를 쓸 수 있겠지.

덕분에 우리가 죽고 난 뒤에도

사람들은 우리에 대해 이야기할 거라네.

우습고도 비극적인 장면입니다. 이 장면은 제자들이 그때까지도 주님이 통치하시는 새로운 나라를 전혀 이해하지 못하고 있다는 사실을 드러냅니다. 제자들은 예수가 군사력을 갖춘 강력한 정치 지도자가 되리라고, 이에 협조한 자신들의 공적을 치하해 주리라고 생각했습니다. 돌을 빵으로 바꾸는 기적을, 그런 기적을 행하는 사람을 기대하고 있었던 것입니다(마 4:3~4).*

제자들이 누가 더 많은 공을 세웠는지를 두고 옥신각신하는 동안 예수는 부제(시중드는 사람)가 되어 식탁에서 기다리십니다. 요한은 예수가 제자들의 시중을 드셨을 뿐 아니라 발까지 씻겨 주셨다고 함으로써 더 강한 대비를 줍니다(요 13장). 그렇게 예수는 당신의 활동이, 당신의 나라에서 이루어지는 삶의 특징이 하찮은 일, 시중드는 일, 종이 되는 일임을 드러내십니다.

제자들은 끝내 예수를 몰랐고 오해했고 혼란스러워했으며 여전히 자기중심적이었습니다. 하지만 예수께서는 이들에게 주님의 나라에서 영예로운 자리에 있게 될 것이라고 약속하십니다. 그 자리를 받을 자격이 없는 이들, 심지어는 배신을 일삼는 이들에게도 그들을 위한 잔치를 열어주실 것이라고, 그 잔치를 준비하러 가신다고 말씀하십니다. 이것이 바로 복음, 기쁜 소식입니다.

너희는 내가 시련을 겪는 동안에 나와 함께 한 사람들이다. 내 아버지께서 내게 왕권을 주신 것과 같이, 나도 너희에게 왕권을 준

---

* "그런데 시험하는 자가 와서, 예수께 말하였다. "네가 하나님의 아들이거든, 이 돌들에게 빵이 되라고 말해 보아라." 예수께서 대답하셨다. "성경에 기록하기를 '사람이 빵으로만 살 것이 아니라, 하나님의 입에서 나오는 모든 말씀으로 살 것이다' 하였다."" (마 4:3~4)

다. 그리하여 너희가 내 나라에 들어와 내 밥상에서 먹고 마시게 하고, 옥좌에 앉아서 이스라엘의 열두 지파를 심판하게 하겠다.

(눅 22:28~30)

　죄와 무지와 배신으로 어둠이 짙어질수록, 주님의 자비는 더욱 환하게 빛납니다. 어둠이 내린 그 다락방에 일반적으로 나쁜 소식으로 간주되는 소식과 좋은 소식이 대비를 이룹니다. 예수께서는 음식과 음료를 함께 나눌 사람으로 굳이 이 죄인들을 택하셨고, 심지어 그들의 시중을 드시며, 더 나아가 이들을 위한 성대한 잔치를 예비하러 가십니다. 이것이 바로 복음, 기쁜 소식입니다.
　이제 세 번째 대화가 이어집니다. 세 번째 대화의 주인공은 시몬 베드로입니다.

"시몬아, 시몬아, 보아라. 사탄이 밀처럼 너희를 체질하려고 너희를 손아귀에 넣기를 요구하였다. 그러나 나는 네 믿음이 꺾이지 않도록, 너를 위하여 기도하였다. 네가 다시 돌아올 때는, 네 형제를 굳세게 하여라." 베드로가 예수께 말하였다. "주님, 나는 감옥에도, 죽는 자리에도, 주님과 함께 갈 각오가 되어 있습니다." 그러나 예수께서 말씀하셨다. "베드로야, 내가 네게 말한다. 오늘 닭이 울기 전에, 네가 세 번 나를 모른다고 할 것이다."

(눅 22:31~34)

여기서 예수께서는 베드로에게 "사탄이 ... 너희를 손아귀에 넣기를 요구하였다"라고 말씀하십니다. 흥미로운 점은 말씀 중간에 "너"가 "너희"로 바뀐다는 점입니다. 말씀의 대상이 베드로뿐 아니라 다른 제자들에게까지 확장된 것입니다. 사탄이 모두 함께 있는 이 자리에 들어왔으니 누구든 예수를 배신할 수 있습니다. 유혹자가 놓은 덫에서 안전한 사람은 아무도 없습니다.

하지만 예수는 다시 유혹에 빠진 이들을 위해 기도하십니다(32절). 베드로는 의기양양하게 "주님, 나는 감옥에도, 죽는 자리에도, 주님과 함께 갈 각오가 되어 있습니다"(33절)라고 공언합니다. 하지만 주님은 베드로가 다가올 시험을 꿋꿋이 견디지 못할 것을 아셨습니다.

베드로야, 내가 네게 말한다.
오늘 닭이 울기 전에, 네가 세 번 나를 모른다고 할 것이다.

바로 이 제자, 자신을 배신할 제자를 위해 예수께서는 기도하십니다.

네가 다시 돌아올 때는, 네 형제를 굳세게 하여라.

네 번째 대화, 마지막 대화는 '칼'에 관한 대화입니다.

예수께서 제자들에게 말씀하셨다. "내가 너희를 돈주머니와 자루와 신발이 없이 내보냈을 때, 너희에게 부족한 것이 있더냐?"

그들이 대답하였다. "없었습니다." 예수께서 그들에게 말씀하셨다. "이제는 돈주머니가 있는 사람은 그것을 챙겨라, 또 자루도 그렇게 하여라. 그리고 칼이 없는 사람은, 옷을 팔아서 칼을 사라. 내가 너희에게 말한다. '그는 무법자들과 한패로 몰렸다'고 하는 이 성경 말씀이, 내게서 반드시 이루어져야 한다. 과연, 나에 관하여 기록한 일은 이루어지고 있다." 제자들이 예수께 말하였다. "주님, 보십시오. 여기에 칼 두 자루가 있습니다." 예수께서 그들에게 말씀하시기를 "넉넉하다" 하셨다. (눅 22:35~38)

이 대화는 다소 기이합니다. 예수께서는 제자들에게 다소 뜬금없어 보이는 질문을 하십니다.

내가 너희를 돈주머니와 자루와 신발이 없이 내보냈을 때, 너희에게 부족한 것이 있더냐?

그러더니 제자들에게 칼이 없으면 칼을 준비해 두라고 하십니다. 이에 제자들이 답합니다.

주님, 보십시오. 여기에 칼 두 자루가 있습니다.

아무리 봐도 기이한 장면입니다. 갑자기 칼을 준비하라는 명령은 그 자체로도 기이한데, 이어지는 사건을 보면 더 이상합니다. 대제사장들과 성전 경비대장들이 예수를 붙잡으러 오자 제자들은 갖고 있던 칼을 사용하려 합니다. 그러자 예수는 "그만해 두어라!"(눅 22:51)라며 그들을 엄하게 꾸짖으십니다. 어떤 학자들은 이제 마지막 전투의 시기가 다가왔으니 제자들도 적에게 맞설 수 있도록 준비를 하라는 뜻으로 하신 말씀일 것이라고, 주님 나름의 표현일 뿐 문자 그대로 무장하라는 뜻은 아니었을 것으로 추정합니다. 칼은 주님 나라의 본성에 위배된다고 생각하는 것이지요.

어떤 학자들은 두 개의 칼이 두 명의 증인과 상관이 있을 것으로 추정합니다. 유대 율법에서 중대 범죄를 판결할 때는 두 명의 증인이 있어야 했습니다. 이 요청이 그런 뜻이라면, 예수께서는 사실상 '너희가 내게 불순종할 것이라는 증거가 있느냐'고 물으신 셈입니다. 실은 증거가 있습니다. "칼 두 자루"가 바로 그 증거지요. 이전에 그분은 제자들에게 당신을 따를 때 아무것도 소지하지 말라고 하셨습니다(눅 10:4).* 지갑도 가방도 신발도 소지하지 말라는 명령에는 칼도 소지하지 말라는 명령이 포함되어 있습니다. 제자들이 칼을 두 자루 갖고 있다는 것(이후에 그들이 칼을 휘두르려 했다는 것)은 제자들이 예수께서 하라는 대로 하지 않았음을 보여주는 결정적인 증거입니다.

아마 제자들은 만약의 경우, 예수 운동이 성공하지 못할 경우, 더 어려운 상황이 와서 예수가 가진 능력만으로는 충분하지 않을 경우를 대비해 칼 두 자루 정도는 보험으로 들고 다니자고 생각한 것 같습니다. 그렇다면 칼은 안전에 대한 그들의 욕망을 보여주는

---

* "전대도 자루도 신도 가지고 가지 말고, 길에서 아무에게도 인사하지 말아라." (눅 10:4)

물품이라 할 수 있을 것입니다. 칼은 그들이 기본적으로 주님께 불순종하고 있다는 것을 드러냈습니다. 주님은 이를 질책하십니다.

이제 예수께서는 올리브 산으로 올라 기도하시며 제자들에게도 기도를 촉구하십니다.

시험에 빠지지 않도록 기도하여라. (눅 22:40)

하지만 안타깝게도 그들은 잠이 듭니다. 그리고 군인들을 대동한 무리가 예수를 잡으러 왔을 때 제자들과 예수를 잡으러 온 이들은 모두 칼을 들고 있었습니다. 이들 모두가 어둠의 힘에 참여하고 있습니다. 예수를 잡으려는 이들이나 예수의 제자나 그들이 지닌 무기에는 차이가 없었습니다. 죽음으로 끌려가며 예수께서는 명령하십니다.

그만해 두어라! (눅 22:51)

그리고 제자들은 어둠 속으로 도망칩니다.

다음날 예수께서 재판을 받으시고 십자가에 달리실 때도 그분과 가장 친밀했던 열두 친구는 예수를 버리고 달아납니다. 슬픈 이야기입니다. 두려움과 자기중심성, 무지와 비겁함, 배신, 이 슬픈 비극이 역사에서, 또 우리의 삶에서 끝없이 반복됩니다. 제자들이 그랬듯 우리도 스스로를 가다듬으려 애씁니다. 우리는 신실해지고 싶고, 용감해지고 싶고, 곤경에 빠진 친구를 떠나지 않고 곁에서 그의 권리를 옹호하고 싶습니다. 하지만 상황이 나빠져, 그를 위해 너무 많은 대가를 치러야 한다는 사실이 드러나면, 진실로 선한 의지를 발현해야 하는 바로 그 때 결국 이름과 정체를 감추는 익명성으로, 어둠 속으로 도망쳐 버립니다.

나쁜 것들 한가운데 있는 좋은 소식

하지만 이 모든 슬픔 뒤에, 다락방 아래에, 여전히 기쁨이 흐르고 있습니다. 예수와 함께한 다른 식사 이야기가 그랬듯 이 이야기에도 기쁜 소식이 들어 있습니다. 바로 우리의 구원자께서 죄인들과 함께 먹고 마신다는 소식입니다. 예수께서는 그 죄의 한복판에서 제자들에게 주님의 나라에서 잔치가 열릴 것이고, 그곳에 그들을 위해 좋은 자리를 마련해 두겠다고 약속하셨습니다. 어쩌다 제자가 된 이 죄인들을 위해 그 모든 것을 준비하러 가겠다고 하십니다.

그렇기에 이날은 유월절입니다. 최후의 만찬이 있었던 성 목요일은 속박에서 자유로 '넘어가는' 날이기 때문입니다. 이 밤, 새로운 약속, 죽음을 감내하시는 그리스도의 사랑의 약속이 체결되었습니다. 옛 언약이 그랬듯, 새 언약을 주도한 이는 우리가 아니라 주님이십니다. 우리가 끝까지 신의를 지키지 못해도 주님께서는 신실하게 우리 곁에 계시리라고 약속하십니다. 우리가 끝까지 그분의 곁을 지킬 수 없으니 그분이 몸소 우리 곁으로 오시겠다고 하십니다. 우리의 사랑은 흔들리고 휘청거리나 주님의 사랑은 오래 견딥니다.

그날 밤 예수를 배신한 사람은 유다만이 아니었습니다. 물론 유다가 입맞춤을 하고 그를 안는 척하며 예수를 버렸지만, 마태는 이 이야기를 이렇게 맺습니다.

제자들은 모두, 예수를 버리고 달아났다. (마 26:56)

"모두" 예수를 버리고 달아났습니다. 목요일 밤, 베드로를 포함해 모든 제자가, 심지어 유다까지도 예수와 함께 식탁에 있었다는 사실에 저는 안도합니다. 그들이 예수의 식탁에 앉지 못했다면, 예수께서 자신을 배신할 제자들을 쫓아내셨다면 불성실한 저는 감히 주님의 식탁으로 나올 수 없었을 것이기 때문입니다.

여러분은 새 반죽이 되기 위해서 묵은 누룩을 깨끗이 치우십시오. 사실 여러분은 누룩이 들지 않은 사람들입니다. 우리들의 유월절 양이신 그리스도께서 희생되셨습니다. 그러므로 묵은 누룩, 곧 악의와 악독이라는 누룩을 넣은 빵으로 절기를 지키지 말고, 성실과 진실을 누룩으로 삼아 누룩 없이 빚은 빵으로 지킵시다.

(고전 5:7~8)

정리해 보기

◇ _____는 이스라엘 민족이 노예에서 해방된 사
건을 기억하고 이스라엘의 정체성을 기념하는 축제였
습니다. 그들은 _____를 통해 자신들이 구원받
고, 사랑받고, 선택받은 주님의 백성임을 기억했습니다.
(152쪽)

◇ 당시 ____은 주식이었습니다. 유월절은 본래 _____를
먹는 절기지만 아주 가난한 사람들은 _____으로 만족해
야 했습니다. (153쪽)

◇ 다락방 대화에서 예수께서는 _____에게 "사탄이 ...
너희를 손아귀에 넣기를 요구하였다"라고 말씀하셨습니
다. (158쪽)

◇ 예수께서 잡히시기 전 제자들이 _____을 갖고 있다는
것은 제자들이 예수께서 하라는 대로 하지 않았음을 보여
주는 결정적인 증거입니다. (161쪽)

생각해 보기

◇ 본문 내용에 비추어 앞서 최후의 만찬 장면을 생각해 봅
시다. 가장 눈에 들어오는 인물은 누구입니까. 혹은 가
장 인상적인 대화는 무엇입니까. 각자 이야기를 나누어
봅시다.

◇ 베드로가 주님께 한 맹세("주님, 나는 감옥에도, 죽는 자리에도, 주님과 함께 갈 각오가 되어 있습니다")에 비추어, 앞서 '생각해 보기'에서 나눈 이야기를 다시 되새겨 봅시다.

◇ 본문을 읽고 새롭게 알게 된 점이 있거나, 다시 생각해보게 된 점이 있다면 이야기를 나누어 봅시다.

나는 신실하지 않습니다.

진정한 증인은 이 사실을 알고 있으며, 이 사실을 말합니다.

비록 내가 신실하지 않더라도 주님은 언제나 신실하시며,

당신의 약속을 철회하지 않으십니다.

주님은 자신의 약속을 언제나 다시금 진실하게 지키십니다.

예수 그리스도의 증인이 계속 증인으로 머물 수 있는 것은

그가 언제나 다시금 이렇게 기도할 수 있기 때문입니다.

'오소서, 창조자 성령이여!'

우리가 그리스도인으로서 계속 증인으로 머물 수 있다면,

이는 주님의 창조 덕분입니다. 성찬은 전적으로 이 사실을 말합니다.

그리스도는 전적으로 우리를 대변하십니다.

그리스도는 영생을 위해 우리에게 자신의 살과 피를 먹여주십니다.

이러한 맥락에서 성찬은 희망과 미래의 성사입니다.

희망을 지닌다는 것은 우리가 악하게 만든 것을 선하게 만드시는

예수 그리스도를 바라본다는 것을 의미합니다.

- 칼 바르트

제8장

죽음을 선언하다

그러므로 여러분이 이 빵을 먹고 이 잔을 마실 때마다,
주님의 죽으심을 그가 오실 때까지 선포하는 것입니다.

- 고린도전서 11:26 -

식탁인가 제대인가?

'또' 같은 일이 반복됩니다. 제자들(세베대의 아들들)은 이전에 물었던 질문을 다시 예수에게 묻습니다.

선생님께서 영광을 받으실 때, 하나는 선생님의 오른쪽에,
하나는 선생님의 왼쪽에 앉게 하여 주십시오. (막 10:37)

다락방에서 그랬듯 제자들은 예수에게 자신들의 공을 치하해 달라고, 눈부신 결말이 있었으면 좋겠다고, 걸맞은 보상을 해달라고 요청합니다. 물론 그들은 이것이 그렇게 큰 요구라고 생각하지는 않았을 것입니다. 그들은 "모든 것을 버려두고"(눅 5:11) 예수를 따른 사람들이었으니까요. 이 요청에 예수께서 답하십니다.

> 너희는, 너희가 구하는 것이 무엇인지를 모르고 있다. 내가 마시는 잔을 너희가 마실 수 있고, 내가 받는 세례를 너희가 받을 수 있느냐? (막 10:38)

이 "잔"과 "세례"가 무엇인지는 골고다에서 드러날 것입니다. 그것은 자신의 죽음을 가리켜 하신 말씀이었습니다. 제자들은 영광을 구했으나 예수는 그들을 이끌고 죽음으로 가십니다. 이 장면을 생각하면 토마스 아 켐피스Thomas à Kempis의 『그리스도를 본받아』 De Imitatione Christi의 한 구절이 떠오릅니다.

> 수많은 이가 예수께서 통치하시는 천국을 사랑하나
> 십자가를 견디는 이는 거의 없네.
> 많은 이 위로를 갈망하나
> 시련을 견디는 이는 거의 없네.
> 많은 이 그의 식탁으로 초대받으나
> 그가 마시는 독주를 함께 마시는 이는 없네.
> 모두가 그와 함께 하는 기쁨을 갈망하나

그를 위해 무엇이든 견디며 소망을 품는 자 적으니
예수를 따르며 빵을 떼는 많은 이 중
소수만이 고난의 잔을 마시네.
많은 이 주님께서 일으키신 기적을 경외하나
소수만이 십자가의 치욕을 따르네.

우리 모두 이렇습니다. 영광을 바라지만 영광에 이르기 위해 지나야 하는 불편은 원하지 않습니다. 성대한 천국 잔치는 원하지만, 슬픔의 잔을 한 잔만 마셔야 한다고 해도 "이 잔을 내게서 지나가게 해주십시오"라며 애원합니다. 모두 그런 식입니다.

이 책에서는 지금까지 성찬에서 죽음과 희생의 의미만을 배타적으로 강조하는 것이 성찬에 대한 다소 치우친 이해임을 지적하고 성찬은 근본적으로 식사라는 점, 우애를 쌓고 생명과 삶을 나누는 자리임을 강조했습니다. 물론 예로부터 성찬은 식사였고 근래 다시 이러한 측면이 강조되고 있는 것이 사실입니다. 과거 회중이 있는 곳보다 높은 곳, 지성소 뒤에 붙여 놓았던 제대를 (초대 그리스도인들의 성찬 식탁이 그랬듯) 회중 가운데 배치하는 모습도 보입니다. 하지만 제 친구는 제 이야기에 회의적인 견해를 피력하기도 했습니다. 그는 물었습니다. "성찬의 자리에 간다는 것은 식탁에 가는 거야? 아니면 제대altar로 가는 거야?"

친구는 주님의 만찬이 식사라는 점, 그러한 의미를 회복해야 한다는 점을 부정한다기보다 그렇게 성사의 기쁨, 식탁에서 이루어지는 친교를 강조하다가 자칫 성사에 담긴 도전과 위협을 회피하게 되지 않을지 염려한 것 같습니다.

친구의 질문은 제게 식탁은 제대보다 다가가기 쉽다는 점을 상기시켜 주었습니다. 식탁은 냅킨과 은 식기가 있고 예의가 있고 즐거운 대화가 오가는 곳입니다. 음식을 나르고 먹는 소리만이 그 대화의 방해꾼일 테지요. 식탁에는 상대에 대한 배려와 따스한 환대가 있고 우리 가까이 계신 주님, 우리를 받아주시는 주님이 계십니다.

반면 제대는 희생 제사가 이루어지는 신비로운 곳입니다. 제대에서는 삶과 죽음이 교차합니다. 사제는 지성소에서 손에 칼을 들고 소나 양의 목을 자를 준비를 합니다. 제대에는 죽어가는 동물의 비명이 가득하고 대리석 바닥에는 이들의 피가 흐릅니다. 제대에는 죄, 희생, 죽음에 관한 이야기가 있습니다. 제대에 계신 주님은 멀리 계시고 쉽게 만족하지 않으시며 무언가를 요구하시는 분입니다.

그렇지만 조금 더 생각해보면 식탁도 희생의 장소이기는 마찬가지입니다. 식탁의 즐거움과 존중 아래에는 희생과 죽음이 있습니다. 어젯밤 가족들과 나누어 먹은 닭고기는 어디에서 왔겠습니까. 에어컨 바람이 나오고 음악이 흐르는 마트에서 반짝반짝 빛나는 셀로판 포장지로 감싼 멸균된 식자재를 구매하는 현대인들은 그 식자재가 칼로 베어 죽이고 피를 흩뿌리는 희생을 거쳐 식탁에 오르게 되었다는 사실을 잊습니다. 누군가의 희생이 없다면, 무언가의 죽음이 없다면, 우리에게 생명을 주는 음식은 우리의 식탁에 오르지 못합니다.

저는 어린 시절 저녁 식사를 준비하러 뒤뜰로 가신 할머니가 암탉의 목을 비틀고 닭 털을 뽑고 속을 채우는 것을 보며 자랐습니다. 우리 중 누구도 잘 조리된 음식과 즐거운 대화 뒤편에 있는 현실, 피와 희생과 죽음이라는 대가를 치러야 하는 현실에서 도망칠 수 없습니다. 먹고 마시는 일뿐 아니라 신앙 생활을 하면서도 우리는 소망, 치유, 위로, 보상, 축복의 뒤편에 흐르는 현실, 통증, 고통, 죽음이라는 대가를 치러야 하는 현실을 거부하고 회피하려는 경향이 있습니다. 우리는 토마스 아 켐피스의 말을 기억해야 합니다.

> 예수를 따르며 빵을 떼는 많은 이 중
> 소수만이 고난의 잔을 마시네.
> 많은 이 주님께서 일으키신 기적을 경외하나
> 소수만이 십자가의 치욕을 따르네.

최근 애리조나의 한 부흥사가 보낸 팸플릿을 받았습니다. 그는 확신에 차서 "주님께서는 당신에게 좋은 것을 주려 하신다"고 하면서 혹 제게 새 차가 필요하지는 않은지, 재정 형편이 어렵지는 않은지 물었습니다. 그러더니 주님은 제가 감히 꿈도 못 꿀 축복을 계획하고 계신다면서 먼저 자신들에게 10달러를 보내면 이 모든 것을 제게 주실 것이라고 하더군요. 팸플릿 뒷면에는 단체에 돈을 보내고 기도를 한 뒤 여러 복을 받은 사람들의 증언이 잔뜩 실려 있었습니다. 중서부 출신 한 여성은 "예수 그리스도에게 한 투자는 제 인생 최고의 투자였어요"라고 말했습니다. 그리스도인이 되어 이 단체에 돈을 보내면서부터 직장에서 승진도 하고 연봉도 상당히 올랐다고 하더군요. 최근 시중에는 또 다른 부흥사가 '어떻게 정상에 머무를 것인가'라는 제목의 책을 냈다는 소식도 들립니다.

이런 '부흥사'들과 그들을 따르는 이들에 대해 너무 가혹하게 말하지는 않으려 합니다. 자기 잇속만 차리는 태도는 저희 교회에서도, 제 설교에서도 제 삶에서도 여전히 발견할 수 있으니까요. 새 차나 월급 인상을 바라지는 않더라도 저 역시 행복한 결혼 생활, 착하게 자라는 아이들을 신앙의 부가 혜택으로 바라곤 합니다. 또 성도들에게 주님께서 물질적인 축복을 주실 것이라고 약속하지는 않지만 심리적인 복, 이를테면 기쁨, 만족, 걱정으로부터의 자유 같은 것을 약속하기도 합니다. 저나 성도들은 여전히 그리스도를 따르는 데 보상이 있기를 기대합니다. 저는 되도록 기쁨이나 포근한 대가가 따를 것이라고 호언장담하지는 않습니다만, 예수를 따르는 삶이 대가를 치러야 하는 삶, 위험과 고통이 따르는 삶인 것만은 아니라고 교묘하게 설득하곤 합니다. 우리는 주일 아침에 에어컨이 나오는 시원한 예배당에서 부드러운 설교자의 목소리, 우리를 달래주는 성가대의 화음을 들으며, 예수를 따르는 것이, 그것이 무엇이든 간에, 갈보리처럼 불편하고 위험한 곳으로 가는 것은 아니리라 생각하고 싶어 합니다. 우리는 영광에 동의한 것이지 고통에 동의한 것이 아닙니다. 우리는 끊임없이 말합니다. "주님, 이 잔을 제게서 지나가게 해주십시오. 당신과 함께 식탁에 앉아 식사를 나누는 것은 좋지만 도살장에 끌려가는 양이 되고 싶지는 않습니다. 저 말고 다른 사람을 데려가십시오. 저희는 언제까지나 당신의 식탁에 앉아 밝고 유쾌한 대화를 나누고, 좋은 것들에 관해 이야기를 나누고 기적을 기대하며 웃고 싶습니다. 제대는 황동 촛대와 카네이션 다발을 올려놓으면 족합니다. 제대는 주님이나 우리가 올라가야 할 곳이 아닙니다."

이 잔을 우리에게서 옮겨 주소서

섬기는 교회에 대한 소망을 잃고 절망할 때마다 저는 바울이 섬겼던 교회를 생각합니다. 그러면 용기가 납니다. 저희 교회에서도 안 좋은 일이 일어나고 소소하게 옥신각신하고 의견이 안 맞기도 하지만 적어도 1세기 고린도 교회만큼 나쁘지는 않기 때문입니다. 당시 고린도 교회에 어떠한 문제가 있었는지 정확히는 알 수 없지만, 바울이 쓴 편지에 따르면 교인들 사이에 극심한 갈등이 있었던 것은 분명해 보입니다. 바울은 말합니다.

나의 형제자매 여러분, 글로에의 집 사람들이 여러분의 소식을 전해 주어서 나는 여러분 가운데에 분쟁이 있다는 것을 알게 되었습니다. (고전 1:11)

바울은 이런 말도 덧붙입니다.

여러분 가운데 음행이 있다는 소문이 들립니다. (고전 5:1)

말다툼, 교만의 문제, 자기 의를 내세우는 문제, 교인들끼리 서로를 고발하는 문제, 성적 부도덕 등 온갖 문제들이 고린도 교회에 있었고, 이 문제들을 두고 서로 파벌을 형성하며 계속해서 다투었습니다. 바울은 아주 작은 효모나 누룩도 빵을 부풀게 할 수 있다고, 유월절 빵 이야기를 가져와 그들에게 호소합니다.

여러분이 자랑하는 것은 좋지 않습니다. 여러분은 적은 누룩이 온 반죽을 부풀게 한다는 것을 알지 못합니까? 여러분은 새 반죽이 되기 위해서, 묵은 누룩을 깨끗이 치우십시오. 사실 여러분은 누룩이 들지 않은 사람들입니다. 우리들의 유월절 양이신 그리스도께서 희생되셨습니다. 그러므로 묵은 누룩, 곧 악의와 악독이라는 누룩을 넣은 빵으로 절기를 지키지 말고, 성실과 진실을 누룩으로 삼아 누룩 없이 빚은 빵으로 지킵시다. (고전 5:6~8)

여기서 "절기"란 주일에 나누던 식사, 바울이 "주님의 만찬"이라고 불렀던 식사일 것입니다. 당시 고린도 교회에는 "악의와 악독이라는 누룩을 넣은 빵"이 많이 퍼져 있었습니다. 그리고 그들의 파벌주의는 예배를 드리려고 모였을 때, 빵을 뗄 때 오히려 더 심해졌습니다. 바울은 "여러분이 모여서 하는 일이 유익이 되기보다는 오히려 해가"(고전 11:17) 되고 있다고 말합니다.

여러분이 교회에 모일 때에 여러분 가운데 분열이 있다는 말이 들리는데, 그것이 어느 정도는 사실이라고 믿습니다. (고전 11:18)

급기야는 고린도 교인들이 '주님의 만찬'을 대하는 모습을 생각하다 화가 나서 말이 거칠어집니다.

> 그렇지만 여러분이 분열되어 있으니, 여러분이 한자리에 모여서 먹어도, 그것은 주님의 만찬을 먹는 것이 아닙니다. 먹을 때에, 사람마다 제가끔 자기 저녁을 먼저 먹으므로, 어떤 사람은 배가 고프고, 어떤 사람은 술에 취합니다. 여러분에게 먹고 마실 집이 없습니까? 그렇지 않으면, 여러분이 주님의 교회를 멸시하고, 가난한 사람들을 부끄럽게 하려는 것입니까? 내가 여러분에게 무슨 말을 해야 하겠습니까? 여러분을 칭찬해야 하겠습니까? 이 점에서는 칭찬할 수 없습니다. (고전 11:20~22)

호통을 치고 난 뒤 바울은 주님이 다락방에서 거룩한 식사를 제정하신 일을 상기시킵니다.

> 내가 여러분에게 전해 준 것은 주님으로부터 전해 받은 것입니다. 곧 주 예수께서 잡히시던 밤에, 빵을 들어서 감사를 드리신 다음에, 떼시고 말씀하셨습니다. "이것은 너희를 위하는 내 몸이다. 이것을 행하여 나를 기억하여라." 식후에, 잔도 이와 같이 하시고서, 말씀하셨습니다. "이 잔은 내 피로 세운 새 언약이다. 너희가 마실 때마다 이것을 행하여, 나를 기억하여라." 그러므로 여러분이 이 빵을 먹고 이 잔을 마실 때마다, 주님의 죽으심을 그가 오실 때까지 선포하는 것입니다. (고전 11:23~26)

자기중심적으로 먹고 마시는 것은 주님의 죽음을 선포하는 것이 아니라 자신의 죄를 선포하는 것이라고 바울은 경고합니다. 그가 보기에 이는 주님의 만찬을 심각하게 왜곡하는 것입니다.

> 그러므로 누구든지, 합당하지 않게 주님의 빵을 먹거나 주님의 잔을 마시는 사람은, 주님의 몸과 피를 범하는 죄를 짓는 것입니다. 그러니 각 사람은 자기를 살펴야 합니다. 그런 다음에 그 빵을 먹고, 그 잔을 마셔야 합니다. 몸을 분별함이 없이 먹고 마시는 사람은, 자기에게 내릴 심판을 먹고 마시는 것입니다.
>
> (고전 11:27~29)

이제 바울은 고린도 교인들에게 그리스도인의 식탁 예절을 가르칩니다.

> 그러므로 나의 형제자매 여러분, 여러분이 먹으려고 모일 때에는 서로 기다리십시오. (고전 11:33)

고린도 교회에서 일어나는 문제의 뿌리는 무엇이었습니까? 성서학자들은 고린도 교인들이 주님의 만찬에 대해 혼란을 겪었으리라고 추정합니다. 바울에 따르면 그들은 "몸을 분별"하지 못하고 먹고 마시다가 "주님의 몸과 피를 범하는 죄"를 지었습니다.

바울은 여기서 사용한 몸의 심상을 다른 편지들에서도 일관되게 씁니다. 그는 교회를 "그리스도의 몸"이라 부르면서 고린도 교인들이 파벌을 만드는 일, 온갖 다툼들이 "주님의 교회를 멸시"하는 것이라고 이야기합니다. 한 사람은 자기 배를 불리고 있는데 다른 누군가가 굶주려서는 안 된다고, 성찬은 그 이상의 것이라고 바울은 말합니다. 그들은 "성령께서 주시는 선물"(고전 12:1)을 오해하고 오용했습니다. 여기서 이 모든 갈등이 생겨났습니다.

성령을 받은 고린도 교인들은 방언을 하고, 누군가를 치유하기도 하고, 예언을 하기도 하는 등 여러 좋은 일을 했습니다. 하지만 그들은 교만한 태도로 그 일을 했습니다('나는 졸업반이지만 너는 신출내기 교인이라고'). 이들을 향해 바울은 몸의 비유를 말합니다. 한 몸에 여러 기관이 각기 다른 기능을 하듯 교회를 구성하는 구성원들도 그리스도의 몸 안에서 각기 다른 기능을 합니다. 그렇게 우리는 한 몸입니다. 한 몸의 지체인 우리가 각자 성령께 받은 선물은 개인적인 성취나 성공이나, 약한 지체를 자기 아래 두기 위해 써서는 안 되며, 몸 전체의 유익을 위해 써야 합니다. 고린도 교회는 많은 선물을 받았음에도 한 가지가 부족했습니다. 그리스도의 몸을 몸답게 만드는, 그들에게 부족한 한 가지는 사랑이었습니다.

> 내가 사람의 모든 말과 천사의 말을 할 수 있을지라도, 내게 사랑이 없으면, 울리는 징이나 요란한 꽹과리가 될 뿐입니다.
>
> (고전 13:1)

아마 고린도 교인들은 이전에 속해 있던 이방 종교의 성스러운 식사와 주님의 만찬을 혼동했던 것 같습니다. 당시 비의 종교에서는 성스러운 음식을 먹으면 개인이 불멸을 획득하게 된다고 여겼고 그를 위해 음식과 음료를 먹고 마셨습니다. 신성한 빵과 포도주에 탐닉했으며 때로는 생명을 주는 마법의 음료라고 믿고 피를 마시기도 했습니다. 그들은 그 신성한 것들을 몸에 채우면 신성한 힘이 자신의 몸에 들어온다고 여겼습니다. 이방 종교에서 성스러운 식사는 악과 죽음에서 구원받고 신성한 힘을 자신의 몸에 채워 영생을 얻기 위한 것이었습니다.

고린도 교인들은 그리스도의 몸과 피를 먹고 마시는 식사를, 과거에 믿었던 이방 종교의 식사에 빗대어 이해하고 마법처럼 자신들에게 불멸을 가져다주는 식사로 생각했던 것 같습니다. 충분히 이해할 만한 일입니다. 그래서 가난한 이들을 앞질러 달려나가 가능한 한 그 신성한 음식과 음료를 많이 먹고 마시려 했을 것입니다. 자신의 고통과 아픔을 치료하고 영생을 얻으려고 빵과 포도주를 탐했던 것입니다.

하지만 바울은 주님의 만찬은 그런 식사가 아니라고 말합니다. 선조들이 광야에서 신성한 음식(만나)을 먹었음에도, 주님께 불순종하고 그분을 원망하다가 저주받았던 일을 떠올려보라고 그는 말합니다.* 초자연적인 음식을 먹는다고 해서 구원을 받는 것이 아닙

---

* "형제자매 여러분, 나는 여러분이 이 사실을 알기를 바랍니다. 우리 조상들은 모두 구름의 보호 아래 있었고, 바다 가운데를 지나갔습니다. 이렇게 그들은 모두 구름과 바다 속에서 세례를 받아 모세에게 속하게 되었습니다. 그들은 모두 똑같은 신령한 음식을 먹고, 모두 똑같은 신령한 물을 마셨습니다. 그들은 자기들과 동행하는 신령한 바위에서 물을 마신 것입니다. 그 바위는 그리스도였습니다. 그러나 그들의 대다수를 주님께서는 좋아하지 않으셨습니다. 그들은 광야에서 멸망하고 말았습니다." (고전 10:1~5)

니다. 주님의 만찬은 개인적인 식사가 아니고, 마술적이고 신비로운 식사도 아닙니다. 이기적으로 방탕하게 먹고 마시는 식사도 아닙니다. 바울은 고린도 교인들이 예수, 좀 더 정확하게는 예수의 죽음을 가져다 자신의 영적 욕구, 자기중심적인 과욕을 채우려는 경향에 반기를 듭니다.

> 그러므로 여러분이 이 빵을 먹고 이 잔을 마실 때마다, 주님의 죽으심을 그가 오실 때까지 선포하는 것입니다. (고전 11:26)

실제로 예수가 맞은 결말은 거절이었고, 고통이었고, 죽음이었습니다. 아버지께 철저히 순종한 결과가 십자가였습니다. 고린도 교인들은 이 수치스럽고 충격적인 십자가 사건을 직면하기보다는 일종의 마술을 통해 이를 회피하려 했습니다. 그들은 다른 이들을 섬기기보다는 보상과 혜택을 받으려 했습니다. 바울은 편지를 시작하며 이렇게 자기 잇속을 차리는 교만하고 오만한 고린도 교인들을 향해 이야기합니다.

> 형제자매 여러분, 내가 여러분에게로 가서 주님의 비밀을 전할 때에, 훌륭한 말이나 지혜로 하지 않았습니다. 나는 여러분 가운데서 예수 그리스도 곧 십자가에 달리신 그분 밖에는 아무것도 알지 않기로 작정하였습니다. (고전 2:1~2)

바울은 '자기'를 섬기는 종교에 맞서 자기를 내어주신 예수를 일깨

웁니다. 고린도 교인들은 주님께서 주시는 선물을 구하지만 그리스도는 자신을 내어주십니다. 이러한 면에서 주님의 만찬에는 윤리적인 차원이 있습니다. 바울은 치유, 불멸, 보상처럼 사람들을 홀릴 만한 것을 선포하지 않습니다. 그는 다만 예수께서 하신 일을, 십자가를, 죽음을 선포합니다.

주님의 만찬은 예수 그리스도의 죽음을 선포하는 것이라고 바울은 말합니다. 예수는 죽음을 맞이하시기 전, 그분이 배신당한 날 밤 마지막 식사를 하셨습니다. 그분은 배신과 비겁함과 탐욕의 한 가운데서, 자기중심적인 믿음으로 가득 차 있던 제자들과 함께 식사를 하셨습니다. 그 밤, 주님이 앉아 계신 식탁에는 이 세상의 모든 죄와 악이 함께 있었습니다.

우리는 기본적으로 선한 사람들이며 앞으로는 더 나아질 것이라는 생각, 우리는 진보하고 있다는 말, 우리가 우리 자신을 구원할 수 있다는 생각, 고통을 겪지 않고 아무 대가를 치르지 않고도 주님을 섬길 수 있다는 크고 작은 거짓말들, 우리가 좋아하는 이 모든 말과 스스로에 대한 모든 환상과 거짓말이 허상임이 저 다락방에서 드러났습니다.

당대 꽤 훌륭하다고 평가받고 존경받던 이들 모두가 예수를 비난했고 결국 예수는 십자가에 달렸습니다. 예수의 십자가형은 종교 지도자들, 정치 지도자들, 예수보다 바라바를 원했던 군중의 자발적 의지가 한데 모여서 이룬 합작품이었습니다. 십자가는 우리가 정의라고 주장해온 것이 거짓임을 폭로합니다. 우리가 구원받고, 구제받았다고, 스스로를 순수하고 선하다고 여기는 순간, 그렇게 고양되어 종교적 열정에 사로잡히는 순간에 우리는 가장 심각한 죄에 빠져 있습니다. 자신이 옳다고, 거룩하다고 여기는 자기기만에 빠져 있는 그때 우리는 가장 끔찍하고 사악한 짓을 할 수 있습니다.

주님의 만찬은 그리스도인을 향해 십자가가 선택사항이 아님을 선언합니다. 세상은 여전하며, 주님께 순종하고 그분을 따르는 길은 예외 없이 십자가로 이어질 것입니다. 그리스도를 따르는 이들은 십자가를 지고 그분을 따라야 합니다. 세상의 성공에 기대어 환히 웃는 가면을 쓰고 그리스도인인 양 할 것이 아니라 악에 맞서야 합니다. 불평등, 압제, 편견, 전쟁, 기아, 질병, 또 매일같이 만나는 크고 작은 잔인함, 우리가 타인에게 가하고, 또 타인이 우리에게, 우리가 우리 자신에게 가하는 잔인함과 맞서 싸워야 합니다.

주님의 만찬은 우리 주님이 육신으로 오셨음을 선언합니다. 예수께서는 저 멀리 환상의 세계가 아닌 이 세상에서 사셨습니다. 그분은 우리 모두가 그렇듯 배고파하셨고 고통당하셨으며, 사셨고 또 죽으셨습니다. 그분은 당신의 방식으로 악에 맞섰습니다. 그 방식이란 고통당하는 이들, 악한 군중, 죽어가는 인류와 연대하여 기꺼이 고통의 멍에를 매신 것이었습니다.

> 오히려 자기를 비워서 종의 모습을 취하시고, 사람과 같이 되셨습니다. 그는 사람의 모양으로 나타나셔서, 자기를 낮추시고, 죽기까지 순종하셨으니, 곧 십자가에 죽기까지 하셨습니다.
>
> (빌 2:7~8)

예수는 "자기를 비우"셨으나 우리는 고린도 교인들이 그랬듯 우리를 채우려 합니다. 나의 자아로 '나'를 가득 채우고, '나'를 제외한 모든 타인은 무시하고서 '내' 모든 아픔과 고통을 치유받는 길, '내' 영원한 생명을 얻을 길을 찾으려 합니다. 이는 예수께서 선언하신 신앙이 아닙니다.

우리의 죄는 우리가 우리 자신을 숭배한 결과, 내적 우상숭배의 결과입니다. 타인에 대한 우리의 편견, 부정직한 시선, 공격성과 같은 모든 도덕적 문제는 바로 거기서 비롯됩니다. 모든 죄는 우리가 주님이 아닌 다른 무엇(즉 우리 자신)을 예배한 죄, 주님만이 주실 수 있는 안식을 추구하지 않고 피조물의 본분을 벗어나 스스로 신이 되려 한 결과입니다. 이것이 바로 죄이며, 죄는 우리를 죽음으로 이끕니다.

바울은 이러한 우리의 죄에 대한 주님의 응답을 십자가로 보았습니다. 십자가에서 우리는 우리가 되어야 할 우리의 모습을 봅니다. 예수께서는 십자가에 이르기까지 순종하셨습니다. 하늘 아버지께 순종하셨으며 죽음에 순복하셨습니다. 십자가에서 예수는 자신을 우리에게 내어주셨습니다. 그렇게 자신을 내어주신 사랑이 우리의 비전이 되었고, 본보기가 되었고, 길이 되었습니다. 그러니 이기심과 자기중심성에 취해 성찬에 참여하는 것은 "몸을 분별"하지 못하는 일, "합당하지 않"은 태도로 먹고 마시는 일이라 할 수 있습니다. 이는 그리스도께서 우리를 위해 하신 일과 정반대의 일을 하는 것이기 때문입니다.

우리는 기꺼이 취약해져서 십자가를 감내하며 그리스도의 죽음으로 들어가야 합니다. 바울은 거룩한 식탁이 구원의 장소가 될지 심판의 장소가 될지가 거기에 달려있다고 말합니다. 죽음이 없이는 생명도 없습니다.

배가 부른 채 세상이 이야기하는 성공에 도취된 교회, 안일한 상태에 빠져 있는 교회를 향해 천사는 종국에 이렇게 말할 것입니다.

나는 네 행위를 안다. 너는 살아 있다는 이름은 있으나, 실상은 죽은 것이다. (계 3:1)

그리고 가난한 여러 나라에서, 삭막한 도심에서 묵묵히 자기 십자가를 짊어진 교회들을 향해 천사는 말할 것입니다.

네가 힘은 적으나, 내 말을 지키며, 내 이름을 모른다고 하지 않았다. (계 3:8)

이 빵을 먹고 이 잔을 마실 때마다

주님의 만찬에 참여할 때마다 우리는 식탁에 나아갈 뿐 아니라 제대에 나아갑니다. 죄와 죽음은 우리가 마주해야만 하는 현실입니다. 그저 변명하거나 피할 수는 없습니다. 예수가 십자가를 지러 가시는 그 길에 우리는 함께 서 있습니다. 우리는 십자가를 피해 곧장 부활로 가기를, 혹은 계속 기쁜 종려 주일에 머물기를 바라지만 우리의 길은 우리를 어두운 성 금요일로 이끕니다.

이른바 '복음주의'를 자처하는 이들은 너무나도 자주 그리스도의 기쁜 소식을 인간이 겪는 모든 문제에 대한 해결책, 인류가 원하는 모든 것을 실현시켜주는 마법, 좋은 사람을 더 좋은 사람으로 만들어주는 방법 같은 것으로 묘사하곤 합니다. 하지만 십자가의 복음은 오히려 문제의 시작입니다. 이 소식은 자신을 선하다고 여기는 우리의 망상을 비웃고, 자아실현을 추구하는 길에서 돌아서게 하는 소식입니다. 죽음만이 그렇게 할 수 있습니다. 고통스러울 만큼 철저한, 전면적인 회심, '나'에게서 주님에게로, '나'에게서 이웃에게로 돌아서는 회심만이 우리에게 온전한 회복을 선사합니다.

물론 그리스도교 신앙은 엄청난 위로를 줍니다. 하지만 위로에서 출발하지는 않습니다. 그리스도교 신앙은 고통에서 출발합니다. 십자가를 정면으로 마주하기까지 우리는 위로를 얻을 수 없습니다. 십자가는 주님께서 힘이 아닌 고통을 통해 승리하셨다는 것, 자신을 이롭게 하시기보다 자신을 내어주심으로 승리하셨다는 것을 일깨워줍니다. 우리의 승리는 그리스도의 승리와 같은 길을 따릅니다.

성찬은 세상에서 겪는 힘겨운 일에서 우리를 면제시켜주는 마법의 명약이 아닙니다. 그리스도교는 오히려 그처럼 힘겨운 일들을 감당할 수 있는 길을 열어줍니다. 텔레비전 방송에 나오는 유명한 설교자의 어떤 '영험한' 기도도, 애리조나에서 온 '기도의 옷'도, 어떤 성물도, 어떤 성유나 성수도, 어떤 거룩한 음식도 우리에게서 고통과 질병, 불의와 죽음을 면제시켜주지 못합니다. 실은 그 모든 고통에서 면제받을 길을 찾는다는 것은 그리스도를 따르기를 멈춘다는 뜻입니다.

그러나 고통이 끝은 아닙니다. 거룩한 식탁, 제대에서 가장 고통스러운 시간까지도 구원받습니다. 주님은 고통을 통해 우리를 구원해 주십니다. 우리는 성사를 통해 죽음에 이르기까지 자신을 내어주시는 그리스도의 사랑을 받습니다. 말기 암을 앓던 제 친구는 병원 침상에 누워 몸이 망가지는 고통 중에 이렇게 고백했습니다. "주님께서 이보다 더한 고통을 통과하셨다는 사실 말고는 이 고통을 견디게 해주는 게 없어."

여기에 우리의 희망이 있습니다. 십자가 없는 우리의 신앙은 그 누구에게도 위로를 주지 못할 것입니다. 말기 암 환자에게, 에티오피아 사막에서 기아로 죽어가는 아이를 안은 엄마에게, 조잡한 요양 시설에서 외로이 살아가는 90세 노인에게 우리가 무슨 말을 할 수 있겠습니까. "웃으세요. 긍정적으로 생각하세요. 주님께서 당신을 사랑하십니다." 아니오. 그들에게 이런 말을 할 수는 없습니다. 우리는 그저 주님께서도 당신이 있는 그 고통의 자리에 계셨다고, 고통 속에서, 어둠 속에서 죽으셨다고, 그 고통을 통해 그분이 우리에게 오셨다고, 그렇기에 모든 것이 다 잘 되리라고 말할 수밖에 없습니다.

하지만 오늘날 교회가 세상에서 십자가를 지고 가는 이들의 십자가를 기꺼이 맡지 않는다면 이런 말조차 거의 위로가 안 될 것입니다. 이른바 "성공적인" 삶을 사는 사람들 사이에서는 그리스도를 발견하기 힘듭니다. 그러나 그곳이 어디든, 십자가가 세워지는 곳에, 그분은 십자가에 달려 그곳에 달려 있는 우리와 함께하십니다. 우리가 있어야 할 자리도 그곳입니다. 우리는 십자가에 달리신 예수께서 그곳에 함께 계심을 선포하며 그곳에 있어야 합니다. 어느 교회 학교 벽에서 이런 문구를 보았습니다.

예수께 나를 얼마나 사랑하시느냐 물었다.
그분은 십자가에 두 팔을 뻗어 죽음으로써 이에 답하셨다.

우리가 받은 많은 축복은 누군가가 우리를 위해 고통받고, 우리에게 자신을 내어준 결과입니다. 우리를 대신해 받은 그들의 고통이 우리를 온통 에워싸고 있습니다. 깊은 지하로 내려간 광부들의 노동 덕에 우리는 밝고 따뜻한 생활을 누립니다. 우리의 자유를 위해 싸워준 선배 애국자들 덕에 우리는 이 자유로운 나라에서 살아갑니다. 순교자들의 피가 교회를 지탱합니다. 오늘 우리의 아침 식사에도 누군가의 땀이 배어있습니다. 성찬은 그리스도께서 우리를 위해 죽으셨기에 우리가 살아 있음을 기억하게 합니다.

그분이 우리의 슬픔을 지탱하시고
우리의 슬픔을 지시니 ...
그는 우리의 죄로 인해 상처를 입으셨고,
그가 징계를 받음으로써 우리가 평화를 누리고,
그가 매를 맞음으로써 우리의 병이 나았다. (사 53:4~5)

여전히 악이 만연하고, 선한 이들을 십자가에 매다는 이 비참하고 불의한 세상에서 그리스도인들은 십자가를 선포합니다. 앞서간 바울처럼 우리는 그리스도와 그분이 달리신 십자가를 전합니다. 십자가보다 포근한 베개를 추구하는 세상, 종교 장사꾼들이 그리스도인이 되기만 하면 힘과 특권을 갖게 될 것이라고, 높은 지위를 갖게 될 것이라고, 백악관에서 아침을 먹고, 천국을 소유하게 될 것이라고 호언장담하는 세상에서, 우리는 예수 그리스도와 그분이 달리신 십자가를 전합니다.

어느 주일, 빵과 포도주가 놓여 있는 식탁 뒤에 서서 팔을 뻗어 축사를 하려는데 한 꼬마가 외쳤습니다. "엄마, 저거 봐요. 저 아저씨 십자가에 달린 예수님처럼 되려고 하는 것 같아요." 그리스도인에게 이는 전혀 나쁜 말이 아닙니다. 그리스도인으로서 우리 모두는, 그리하여 교회는 십자가에 달린 예수처럼 되려고 합니다. 그렇게, 죽음을 거부하고 '나'의 만족과 이익만을 추구하는 이 세상에서 우리는 식탁에 모여 앉아 빵을 떼며 주님이 오실 때까지 그분의 죽음을 선포합니다.

정리해 보기

◇ _____에는 상대에 대한 배려와 따스한 환대가 있고 우리 가까이 계신 주님, 우리를 받아주시는 주님이 계십니다. 반면 _____는 _____가 이루어지는 신비로운 곳입니다. _____에서는 삶과 죽음이 교차합니다. 사제는 지성소에서 손에 칼을 들고 소나 양의 목을 자를 준비를 합니다. _____에는 죽어가는 동물의 비명이 가득하고 대리석 바닥에는 이들의 피가 흐릅니다. _____에는 죄, 희생, 죽음에 관한 이야기가 있습니다. _____에 계신 주님은 멀리 계시고 쉽게 만족하지 않으시며 무언가를 요구하시는 분입니다. (172쪽)

◇ _____는 말했습니다.

  예수를 따르며 빵을 떼는 많은 이 중
  소수만이 고난의 잔을 마시네.
  많은 이 주님께서 일으키신 기적을 경외하나
  소수만이 십자가의 치욕을 따르네. (173쪽)

◇ 바울이 활동하던 당시 _____에는 "악의와 악독이라는 누룩을 넣은 빵"이 많이 퍼져 있었습니다. 그리고 그들의 파벌주의는 예배를 드리려고 모였을 때, 빵을 뗄 때 오히려 더 심해졌습니다. (176쪽)

◇ 바울은 교회를 _____이라 부르면서 _____들이 파벌을 만드는 일, 온갖 다툼들이 "주님의 교회를 멸

시"하는 것이라고 이야기합니다. (178쪽)

생각해 보기

◇ 이 장을 시작하기 전에 있었던 질문에 대해 다시 생각해
봅시다. 본문을 읽고 달라진 생각이 있습니까? 있다면 어
떤 것이 달라졌습니까?

◇ 성찬과 예수 그리스도의 희생은 어떤 관련이 있습니까?
본문에 인용된 구절들을 다시 읽고 생각해봅시다.

◇ 성찬에 참여하는 우리가 무엇에 대하여 죽어야 할지 각자
의 생각을 나누어봅시다.

읽기 전 생각해 보기

- 당신이 속한 교회의 예배에서 가장 중요하다고 생각하는 것은 무엇입니까?

제9장

그들과 식탁에 앉았을 때

그래서 그 두 사람도 길에서 겪은 일과 빵을 떼실 때
비로소 그를 알아보게 된 일을 이야기하였다.

- 누가복음 24:35 -

엠마오에서의 식사

태양이 서쪽으로 기울기 시작합니다. 날이 저물어 그림자가 길어지는 때, 두 사람이 침울한 얼굴로 먼지 날리는 길을 터벅터벅 걷고 있습니다. 예루살렘에서 엠마오라 불리는 작고 초라한 곳을 향해 난 길입니다.

고개를 숙인 채 낮고 침통한 목소리로 이야기를 나누며 언덕을 오르던 두 사람은 불현듯 그들 곁에서 한 사람이 같이 걷고 있다는 사실을 깨닫습니다. "무슨 이야기를 하고 계십니까?" 그 낯선 사람이 묻습니다. 언덕에 오른 그들은 숨을 고르며 지팡이에 몸을 기대고 서서 저 먼 곳을 보며 낯선 사람에게 답합니다. "모르십니까? 주말에 예루살렘에서 무슨 일이 일어났는지 모르는 사람은 당신밖에 없을 겁니다." 다시 낯선 사람이 묻습니다. "무슨 일이 있었습니까?" "나사렛 예수라는 사람에 관한 일이었습니다. 우리가 따랐던, 굉장한 일을 했고, 강력한 말씀을 전했던 예언자였지요. 지배자들이 그를 사형시켰습니다. 우리는 그분이 이스라엘을 구원할 분이시기를 바랐습니다. 우리를 구원해줄 메시아 말입니다. 하지만 어쩌겠습니까, 어차피 이길 수 없는 싸움인 것을. 그는 가버렸습니다. 있는 동안에는 좋았지만 그를 왕으로 추대하지도 못했습니다. 죽으면 끝이지 뭐 어쩌겠습니까. 그는 영영 가버렸습니다."

다른 제자가 이어서 말합니다. "아침에 여인들 몇이 무덤에 갔는데 시체가 없었다고 하더군요. 천사가 그분이 살아났다고 했다는 겁니다. 하지만 여인들이 뭘 알겠습니까." 이에 낯선 사람이 외칩니다. "어리석은 사람들 같으니. 마음이 참 둔하기도 하구려."

그 늦은 오후부터 해가 서쪽으로 사라질 때까지 그들은 함께 걸으며 이야기를 나누었습니다. 낯선 사람은 두 여행자에게 성서를 해설해 주었습니다.

마침내 엠마오에 도착했고, 낯선 사람은 작별을 고했습니다. 하지만 제자들은 그에게 더 머물러 달라고 간청했습니다. "날이 이미 저물어 저녁 때가 다 되었습니다. 저희와 함께 여인숙에 머무르시지요."

그렇게 그들은 저녁 식탁에 함께 앉았고, 낯선 사람이 **빵**을 들더니 축사하고 떼어 그들에게 나누어 주었습니다. 마침내 그 '식탁'에서 눈이 열리고, 그들은 그 낯선 사람이 누구인지 보게 되었습니다. 그러나 그 순간 그는 시야에서 사라졌습니다. 그들은 의자를 박차고 여인숙을 나와 예루살렘을 향해 부리나케 뛰어갔습니다. 예루살렘에서 나머지 제자들을 찾아내어 자신들이 길에서 겪은 일, 한 사람이 빵을 떼어 주었을 때 비로소 그가 그리스도임을 알아보게 된 일을 이야기했습니다. 엠마오로 가던 일요일, 그들은 잔치는 끝났다고 생각하며 터벅터벅 걸었습니다. 하지만 일요일 '식탁'에서, 그들은 놀라운 기쁨으로 자신들이 틀렸음을 알게 되었습니다. 잔치는 이제 막 시작된 것이었습니다.

부활의 식사

왜 제자들은 엠마오에서 그리스도께서 **빵**을 떼실 때 비로소 그분을 알아본 것일까요? 주님이 곁에서 걸어가실 때도, 그들을 나무라실 때도, 성서를 해설해주실 때도 제자들은 그분을 알아보지 못했습니다. 그런데 빵을 떼는 일에 무엇이 있길래 그들이 주님을 알아보게 되었을까요? 그 식사가 이전에 했던 식사를 떠올리게 해주었던 것일까요? 알 수 없습니다. 다만 우리는 엠마오에서 식탁이 다시 한번 폭로의 자리, 깨달음의 자리, 계시의 자리가 되었다는 것만을 알 수 있을 뿐입니다. 식탁은 다시 한번 예배의 자리가 되었습니다.

다시금 제자들은 일요일에 모입니다. 그들은 실의에 빠져 낙심

했고 패배감에 젖어 있습니다. 그럴 수밖에요. 모여서 자신들이 이룬 것이 무엇인지, 상황이 얼마나 나아졌는지를 짚어볼수록 더 우울해졌을 것입니다. 부활의 주일보다는 성금요일이 현실과 더 어울려 보입니다. 그들도 현실이 그렇다는 것을 알 정도의 분별력은 있습니다. 애초에 이길 수 없는 싸움이었습니다. 운동이 이어지는 동안은 좋았지만 결국 대다수 사람은 예수를 메시아로 받들지 않았습니다. 이제 무엇을 더 할 수 있겠습니까.

현대에도 인류는 너무나 많은 십자가를 세웠습니다. 그러니 예수가 당시 왜 십자가에 달렸는지를 이해하기란 그리 어려운 일도 아닙니다. 전쟁의 희생자들, 아우슈비츠에서 생을 마감한 6백만 명의 유대인, 기아로 고통받는 수많은 사람, 난민, 시시각각 일어나는 테러까지, 우리는 선한 사람이 고통을 받는다는 것을 압니다. 우리의 사악함이 고통스러운 현실을 만들어낸다는 것도 압니다. 하지만 어쩌겠습니까. 제자들의 수는 너무나 적고, 게다가 약하고, 신실하지도 못합니다. 누가 무엇을 할 수 있겠습니까.

그러나 성금요일의 슬픈 노래, 애절한 비가가 울리는 한가운데로, 주님께서는 일요일 우리를 만나러 오십니다. 우리의 눈은 닫혀 있습니다. 우리는 더디 봅니다. 우리는 말을 잘 알아듣지 못하기에 주님께서 우리를 식탁으로 부르셔서 우리에게 보여주십니다. 그곳에서 그분은 빵을 들어 축사하시고 떼어서 주십니다. 마침내 우리는 봅니다.

이 엠마오 이야기는 전통적인 개신교 예배에 큰 도전을 던집니다. 개신교는 언제나 말씀을 우위에 두어야 한다고 믿어왔습니다.

말씀을 읽고, 말씀을 공부하고, 말씀을 설교하고, 말씀을 듣고, 말씀에 응답하는 것이 신앙 생활의 전부라 여기면서 은연중에 찬송과 기도 및 예배의 다른 요소들을 설교를 준비하는 부차적인 요소로 생각하기도 합니다. 개신교인들은 주일 예배 중에 무엇을 깨닫게 되든, 무엇이 드러나든, 그것은 말로 이루어져야 하고, 설교자가 회중에게 전달하는 식으로 이루어진다고 생각하는 경향이 있습니다. 그렇기에 성찬, 빵과 포도주를 나누는 것은, 물론 하기는 해야겠지만, 분기에 한 번 정도면 적당하다 여기고, 마찬가지 맥락에서 11시에 본당에서 드리는 참된 예배에 방해가 되지 않도록 이른 아침 소예배실에서 성찬을 하는 것을 선호하기도 합니다. 엠마오 이야기는 이러한 경향에 도전합니다.

엠마오 이야기를 보면, 먼저 성서가 열렸고 주님이 본문을 해설해 주셨습니다. 그러나 주님이 가르쳐주시고 몸소 말씀해주시고 설교해 주셔도 제자들은 그 내용을 잘 이해하지 못했습니다. 우리도 그런 경우가 흔합니다. 제자들이 곁에 계신 주님을 알아차리지 못했듯 우리도 곁에 계신 주님을 보지 못하고 여전히 주님이 멀리 계신다고 여깁니다. 그래서 주님은 말씀하실 뿐 아니라 말씀을 행하십니다. 예수께서 제자들에게 그렇게 하셨듯 말씀은 행동이 됩니다. 특히 식탁에서 그 일이 일어납니다. 낯선 사람이 식탁의 주인이 되자 마침내 제자들의 눈이 열립니다. 여기서 우리는 설교에 지나치게 큰 비중을 두는 오늘날 개신교 교회의 예배와는 사뭇 다른, 더 오랜 역사를 지닌 예배의 원형을 봅니다. 그 식사 중에 말씀은 육신이 됩니다.

초대교회에서는 먼저 말씀의 예배(성서 읽기, 시편 읽기, 그리고 설교)를 드렸습니다. 그다음 식탁을 중심으로 하는 예배(빵과 포도주를 들고 감사 혹은 축복 기도를 한 다음 빵과 포도주를 나누는 것)를 드렸습니다. 엠마오 이야기를 따라 초대교회는 말씀을 읽고 해설하는 것에서, 주님의 식탁에서 그 말씀을 보고 행하는 것으로 나아갔습니다.

그리스도교에서는 1,500년 동안 주일 예배 때 설교와 성찬을 함께 했으며 여전히 세계 도처의 주류 교단에서는 그렇게 예배를 드립니다. 주일을 설교자의 설교를 듣는 날로 여기는 이들은 소수입니다. 말로는 충분하지 못합니다. 엠마오에서는 예수께서 몸소 설교하시고 가르쳐 주셨지만, 그것으로는 충분하지 못했습니다. 말이 값싸게 취급되고 언어의 홍수 속에 허우적대고 있는 오늘날에는 더더욱 그렇습니다. 설교가 성찬보다 더 중요하다거나 덜 중요하다거나 그런 이야기를 하는 것이 아닙니다. 둘은 서로를 보완합니다. 말씀과 식탁은 서로에게 속해 있습니다. 이렇게 생각해볼 수도 있습니다. "사랑해"라는 말없이 꽃다발을 건네는 것과 "사랑해"라고 말하며 꽃다발을 건네는 것은 전혀 다른 행위입니다. 말은 행위에 의미와 방향을 부여합니다. 성서에 있는 말씀을 읽고 설교하고 기도하고 찬송하지 않고 함께 먹는 빵은 그저 한 끼 식사일 뿐입니다. 말씀이 그 식사를 성찬으로 규정합니다. 말씀은 우리가 먹고 마시는 일에 의미와 맥락을 부여합니다. 복음서에서 제자들이 예수와 식사를 나누며 그분의 말씀을 들었듯, 오늘날 예수를 따르는 이들도 식탁에서 말씀을 듣는 가운데 신앙이 자랍니다.

한편 성찬 없이 우리는 말씀을 체화할 수도 실현할 수도 없습니다. 우리는 주님께 감격해 찬송을 부른 뒤 집으로 가버립니다. 주님과 식탁을 준비하고, 초대장도 받아 놓고 정작 식탁에 가지는 않습니다. 잔치가 열렸는데 잔치를 즐길 줄은 모릅니다. 믿고 실천하는 삶으로 부르시는 소리는 들었는데, 그렇게 살기 위해 필요한 영양분도, 우정도 받아들이지 않습니다. 이는 그리스도와 함께 있는 충만한 경험을 스스로에게서 빼앗는 것과 다름없습니다.

설교자의 설교는 이 시대에 말씀이 뜻하는 바를 담대하고도 분명하게 전해 주며, 성서를 우리 삶에 적용하고 성서를 따라 살아가는 일을 돕습니다. 설교는 한 손에는 성서를, 한 손에는 신문을 들고 둘을 함께 읽는 일입니다. 설교는 교회가 마땅히 해야 할 바를 상기시키고 말씀대로 살도록 요청합니다. 그러므로 설교는 종종 우리에게 고통스럽습니다. 기억하기 싫은 것을 기억하게 하기 때문입니다. 그렇게 우리는 전통적인 언어를 빌어 우리의 죄를 고백합니다.

자비하신 주여, 우리는 생각과 말과 행실로 당신과 이웃에게 죄를 지었으며 또한 자주 의무를 소홀히 하였나이다. 주여 우리 죄를 용서하시고 우리로 하여금 예수 그리스도 안에서 새로워지게 하소서.

이제 우리는 식탁으로 초대받습니다. 잘못을 애통해하는 일에서 예수 그리스도를 통해 거룩하신 창조주께서 하신 활동을 축하하는 자리로 이동하는 것입니다. 이는 현재를 넘어 미래로 나아가는 것이기도 합니다. 이를 통해 우리는 가슴 아픈 비극이 있는 지금을 넘어 주님께서 짓고 계신 미래에 대한 비전을 붙듭니다.

성찬이 없다면 우리의 예배는 주일마다 거룩한 말을 빌려 꾸지람을 듣는 자리, 우리가 얼마나 불의하고 부정하며 불성실한지를 끝없이 되뇌는 행사로 퇴락할 수 있습니다(설교를 '당신이 그리스도인이 아닌 10가지 이유'를 설명해주는 자리로 생각하는 사람들이 많습니다). 하지만 설교가 없는 식탁 교제는 이 세계의 현실을 정직하게 마주하지 않은 채 환상 속에서 경솔하게 웃으며 무감각하게 '웃으세요. 주님은 당신을 사랑하신답니다'는 말을 뱉으며 자위하는 행사로 전락하고 맙니다. 설교는 우리가 지금, 여기에 견고하게 뿌리를 내리게 해주며, 성찬은 '이미 임한, 아직 오지 않는' 주님 나라의 비전을 향해 우리가 눈을 뜨게 해줍니다. 예언자가 그랬듯 비전 없이는 소망도 없습니다. 소망이 없으면 기쁜 소식도 없습니다. 기쁜 소식이 없는 곳에서 사람들은 굶주리다 사라지게 되고 맙니다.

초대교회에서 드린 예배의 중심에는 말씀과 식탁이 있었습니다.

> 그들은 사도들의 가르침에 몰두하며, 서로 사귀는 일과 빵을 떼는 일과 기도에 힘썼다. (행 2:42)

우리가 드리는 주일 예배가 주님의 임재를 축하하는 잔치이기보다는 그분의 부재를 기억하는 추모예식에 더 가까운 것 같아 너무도 안타깝습니다. 우리의 일요일은 부활의 승리를 기뻐하는 날이기보다는 성금요일의 패배로 인해 우울한 날처럼 보입니다. 종교개혁자들이 우리에게 물려준 성찬 예식이 지닌 가장 큰 단점은 예식 때 자리에 가만히 머물러 있게만 한다는 것입니다. 우리는 예배 내내 우리가 사는 세계가 변하지 않는 이유를 끊임없이 되새기곤 합니다. 엠마오로 가는 제자들처럼 우리는 자조적으로 말합니다. "뭐 어쩌겠습니까." 우리는 우리의 죄를 고백하고 우울해합니다. 불평합니다. 그런 우리를 주님께서는 부르십니다. 그리고 우리는 식탁에 나아가 무릎을 꿇습니다.

주님, 우리는 당신의 식탁에 앉을 자격이 없나이다. 오, 자비로우신 주님. 우리의 공로를 믿지 않고, 당신의 위대하고 헤아릴 수 없는 자비를 믿고 나옵니다. 우리는 당신의 식탁에서 떨어진 부스러기를 먹기에도 합당하지 않습니다. 그러나 한결같은 당신은 이런 우리에게 언제나 자비를 베푸십니다.

다행히도, 주님의 만찬이라는 새로운 예배는 성목요일과 성금요일이라는 어둠에서 우리를 부활이라는 빛으로 인도합니다. 우리의 죄와 불성실에도, 우리의 연약함에도 성찬은 주님께서 활동하고 계심을 확언합니다. 무언가 변화가 일어났으며 전투는 이미 끝났습니다. 주님께서 승리를 거두셨습니다. 물론 이 세상에서, 일상에서 죄, 죽음과 벌이는 소규모 전투가 남아 있기는 합니다. 하지만 전쟁은 끝났습니다. 그렇기에 우리는 이렇게 기쁜 어조로 감사의 기도를 드립니다(어느 교단에서 실제로 드리는 기도입니다).

아버지,

언제나 어디에서나 당신께 감사와 찬미를 드리는 것이

마땅하고 옳은 일입니다.

당신만이 우리의 창조주이십니다.

당신은 모든 것을 창조하시고, 좋다고 선언하십니다.

우리를 당신의 형상으로 만드셨고,

당신의 사랑에 반역할 때조차

우리를 버리지 않으십니다.

억류된 우리를 구원하시고

우리의 왕이 되시겠다고 약속하시며

예언자들을 통해 말씀하십니다.

그렇기에 우리는 하늘에 있는 모든 동료와

이 땅에 당신의 모든 백성 무리와 함께

예배드리며 당신께 영광 돌립니다.

최후의 만찬을 재연하고 침울하게 십자가의 패배만을 주목했다면 교회는 1년에 한 번 성목요일에만 성찬을 했을 것입니다. 하지만 그리스도인들은 일요일에 모입니다. 불평등과 고통과 불의와 죽음이 가득한 삶(삶이 본래 그런 것이니까요)을 살아가는 우리는 왜 이 날에 모이는지 쉬이 잊곤 합니다. 두 손 들고 패배를 인정하며, 깊은 한숨을 쉬고 그날 설교를 듣고 이렇게 말하기도 합니다. "뭐 어쩌겠습니까." 그래서 그리스도인들은 일요일에 모입니다. 우리가 누구인지, 예수 그리스도를 통해 우리가 얻은 승리를 기억하려고 그렇게 합니다. 그곳에서, 설교를 듣고 식탁에서 식사를 나누는 중에 우리의 눈이 열리고 우리는 보게 됩니다. 그리고 우리는 식탁에서 일어나 문밖으로, 세상으로 달려나가 깜짝 놀랄 소식을 전합니다.

그분이 부활하셨습니다!

많은 교회에서 성찬 빵을 받을 때 무릎을 꿇은 상태에서 받기보다는 서서 받는 옛 교회의 방식을 되살리고 있습니다. 우리 몸의 자세는 우리 영혼의 위치를 반영한다는 점에서 반가운 일입니다. 주님 앞으로 나아갈 때 우리의 참회는 기쁨이 되고 우리의 눈은 다시금 승리를 향해 열립니다. 우리는 눈을 뜨고 두 손을 뻗어 예수 그리스도 안에서, 예수 그리스도를 통해 이루어진 우리의 승리를 받아들입니다.

우리는 살아가며 친절한 말, 따뜻한 손길, 이곳저곳에서 이루어지는 선행, 길가에서 들리는 노래를 통해 찰나의 기쁨을 엿볼 뿐입니다. 식탁으로 나아가 빵을 축사하고 떼는 모습을 보며, 우리는 알게 됩니다. 기쁨의 소리가 울려 퍼지고 우리는 이전에 희미하게 엿보았던 것을 선명하게 봅니다.

우리는 끊임없이 예수를 희미한, 먼지 자욱한 과거로, 우리와 동떨어진 곳에 밀어 넣곤 합니다. 그를 지금, 여기가 아닌 다른 시대, 다른 곳에서 살았던, 우리가 아니라 다른 사람을 가르쳤던, 그렇게 살다 세상을 떠난 선한 사람으로 만들어 버리려고 합니다. 우리는 말합니다. "그분이 여기 계실 때는 좋았지요. 하지만, 아쉽게도 그분은 우리를 떠났어요. 가버리셨습니다. 하지만 잊히지는 않네요." 이렇게 우리는 예수의 모든 이야기를 말쑥하고 추상적인, 우리와 동떨어진, 먼 과거의 것으로 만들려 합니다.

그러나 일요일 부활의 식사는 놀라운 소식을 선포합니다. 조바심내며 먼 과거로부터, 혹은 먼 미래까지 그리스도께서 돌아오기를 기다릴 필요가 없다는 소식입니다. 초림과 재림 사이의 중간기, 혹은 과도기 아래 우리는 그분을 기다릴 필요가 없습니다. "뭐 어쩌겠습니까"라는 오래된 변명도 더는 통하지 않습니다. 주님은 우리를 그리 쉽게 풀어주지 않으실 것입니다.

부활한 그리스도를 만난 두 제자는 엠마오에서 예루살렘까지 거친 숨을 몰아쉬며 한달음에 달려갑니다. 그리고 특별한 선언을 합니다.

주님께서 돌아오셨습니다!

우리는 먼지 자욱한 과거, 비관적인 패배주의, 무엇은 되고 무엇은 안 된다는 우리의 하잘것없는 판단에 그분을 가두곤 하지만, 이제 주님은 그 무덤에 계시지 않습니다.

견딘다는 것

그리스도교에서 진리에 다가간다는 것은 예수 그리스도라는 인격에게 다가가는 것입니다. 그리스도교는 특정 사상, 개념, 혹은 철학이 아닙니다. 그리스도교는 기본적으로 그리스도와 함께인 삶에 관한 것입니다. 그리스도교에서 진리는 곧 한 사람이며 그렇기에 인격적입니다.

나는 길이요, 진리요, 생명이다. (요 14:6)

예수께서 이렇게 말씀하셨습니다.

그러므로 그리스도인이 된다는 것은 무슨 고상한 생각을 하는 것이 아니라, 한 사람과 만나는 일입니다. 신뢰하는 누군가를 생각해 보십시오. 우리는 만남을 통해, 말과 행동으로 하는 대화를 통해, (가깝고도 먼 신비인) 타인과 관계를 맺으며 그를 신뢰하게 됩니다. 이처럼, 우리는 타인을 이해하는 것과 같은 방식으로 그리스도를 이해해야 합니다. 우리는 그분과 함께 시간을 보내고 그분을 존중하고 그분의 말씀에 귀를 기울이며 그분이 나누어 주시는 것을 받기도 합니다. 설령 상대를 아주 잘 알게 되었더라도 그를 소유하거나 통제할 수 없듯, 우리는 주님을 소유하거나 통제할 수 없다는 사실을 기억해야 합니다.

친구가 된다는 것은 (상대가 예수든 누구든) 인내심을 갖는 것, 친구가 자신의 속도에 맞게 자신을 열어 보일 때까지 기다려주는 것을 뜻합니다. 서둘러서는 안 됩니다. 억지를 쓰고, 괜히 상대를 시험하다가는 오히려 우정을 망치게 됩니다. 상대를 통해, 상대와 함께 기쁨을 누리기보다는 그를 이용하고 조종하는 관계로 전락하게 되는 것입니다.

친구가 된다는 것, 깊은 관계로 들어간다는 것은 타인이라는 불가해한 현실을 향해, 그 놀라움을 향해 나를 여는 것이며, 협소한 자아, 이기심에 매여 있는 자아를 치우고, 타인과 함께 하는 기쁜 삶으로 나아가는 일입니다. 그리스도라는 인격, 그 인격을 통해 드러나는 진리를 이해하려면 우리는 그 진리 아래 서야 합니다. 그 진리 아래 서는 행동이 바로 성찬입니다.

우리는 만날 때, 그리스도와 만날 때 변화됩니다. 그 만남의 결과, 변화의 결과가 무엇일지는 누구도 알 수 없지만 그 전과 같지 않으리라는 것은 확실합니다. 우리는 변화됩니다. 회심합니다. 그와 같은 만남과 회심이 일어나기에 가장 좋은 곳은 성찬을 하는 자리입니다. 식탁만큼 만남과 변화라는 위험을 감내할 수 있는 곳은 없기 때문입니다. 우리의 일상에서도 그렇습니다. 교회라고 다르겠습니까.

알다시피 누군가와 친구가 되기 위해서는 시간이 걸립니다. 시간을 견뎌야 합니다. 함께 커피를 마시고, 점심 식사를 하고, 내 입장을 내려놓고 상대의 이야기를 듣는 긴 시간이 쌓여야 합니다. 교회에서 성찬을 얼마나 자주 해야 하느냐는 문제를 다룰 때 우리는 이러한 측면에서 생각해야 합니다. 기억하십시오. 우리는 관계를 맺고 관계가 깊어지는 것, 만남을 갖고 만남이 무르익어가는 것에 관해 이야기하고 있습니다.

혹자는 성찬을 너무 자주 하면 성찬이 일상화되고 정기적인 행사가 되어 사람들이 그 중요성을 깨닫지 못하게 될 것이라고 이야기하기도 합니다. 실제로 어떤 교회에서는 이러한 이유로 성찬을

'가끔'하는 것을 정당화합니다. 하지만 지난 500년간 교회는 이러한 생각이 틀렸음을 보여주었습니다. 오히려 성찬을 자주 하는 교회일수록 성찬을 가치 있게 여기는 듯합니다.

분기에 한 번 성찬을 해서는 목회자나 교회 공동체가 긴장을 풀고 예식에 익숙해지거나 편안해지기 어렵습니다. 그럴 기회가 적기 때문입니다. 그렇기에 이런 교회에서는 성찬을 할 때 이를 자연스럽게 누리기보다는 무언가 어색하고 비일상적인 것, 특별한 것으로 대하기 쉽습니다. 하지만 앞서 이야기했듯 그리스도인에게 성찬은 특별한 행사라기보다는 지극히 일상적이고 평범한 주일 활동에 가깝습니다. 존 웨슬리는 매주 성찬을 해야 한다고 주장했고, 본인은 1주에 3회 성찬을 집례했습니다.

교회에서 성찬을 얼마나 자주 해야 하느냐는 질문은 사실상 우리가 얼마나 자주 먹어야 하는지 묻는 것과 같습니다. 우리는 보통 하루에 세 끼를 먹습니다. 사실 일상에서 이루어지는 식사가 매번 특별하지는 않습니다. 어떤 식사는 각별하고 어떤 식사는 그렇지 않겠지요. 하지만 중요한 것은 그런 것이 아닙니다. 우리는 자연스럽게, 규칙적으로, 때가 되면 으레 밥을 먹습니다. 살기 위해 음식이라는 선물이 필요하기 때문입니다. 성찬은 그리스도인을 위한 양식입니다. 때로는 각별한 의미가 있고, 때로는 그렇지 않겠지만, 깊은 감동을 느끼든, 그저 일상적으로 먹었든 간에 중요한 점은 우리에게 양식이 필요하다는 사실입니다.

그러니 교회에서 성찬을 얼마나 자주 해야 하느냐는 물음은 다음과 같은 물음으로 바꿔 볼 수 있겠습니다. 부활하신 그리스도와 우리는 얼마나 자주 교제를 나누어야 합니까? 분기에 한 번 정도 만나면 충분할까요? 그럴 리가 있겠습니까. 우정에는 시간이 걸립니다. 서로에게 헌신해야 하고, 위험도 감내해야 하며 자주 만나야 합니다. 자주 함께하며 우리는 함께 자랍니다. 친구와의 만남은 때로는 활력 넘치고 영감과 의미로 가득할 테고, 때로는 커피 한 잔과 다소 지루한 대화 외에는 별 것 없는 날도 있을 것입니다. 하지만 중요한 것은 시간을 들여 만나고 함께 하는 일 그 자체입니다. 오늘도 우리에게는 깊은 만남을 위한 기회가 있습니다.

성찬이 일상화되는 것은 문제가 되지 않습니다. 가치 있는 일이라면 그 일이 일상적인 활동이 되었다는 것 자체를 문제 삼을 수는 없습니다. 우리 대부분은 교회에 습관적으로 가지 않습니까. 먹고 자는 것, 아이들을 안아주는 것, 자선단체에 후원금을 보내는 것, 사랑을 나누는 일 등 우리가 생명을 얻고 유지하기 위한 대부분의 행동은 습관적으로 이루어집니다. 그렇다면 성찬이 습관이 되면 안 될 이유가 무엇입니까.

앞서 이야기했듯 세례받은 아이도 먹어야 하며, 그렇기에 아이도 성찬에 참여해야 합니다. 그리고 가능하면 그것이 습관이 되는 것이 좋습니다. 어린 시절부터 제자로 살아가는 법을 익히게 되기 때문입니다. 세례를 받은 직후부터 그리스도인은 죄를 고백하고, 용서받고 용서하며, 진리를 마주하고 만나며, 돌이키고 변화하며, 먹는 법을 익혀야 합니다.

아이들이 아주 어렸을 때 저는 저녁에 아내와 여유롭고 고요하게, 문명인답게 누구의 방해도 받지 않고 식사를 하기 위해 따로 아이들에게 저녁을 좀 일찍 먹이고 서둘러 재우려 했습니다. 그런데 아내는 그런 저를 나무랐습니다. "안돼요. 아이들이 식탁에 앉아서 먹는 법을 익힐 기회를 주어야지요. 우리가 먹는 것을 보지도 못했는데 아이들이 그걸 어떻게 익히겠어요." 아내가 옳았습니다. 그리고 이 말은 주님과 함께 하는 식사 즉 성찬에도 마찬가지로 적용될 수 있습니다. 그리스도와 관계를 맺고 그분을 통해 우리가 성장하고 성숙해지려면, 우리는 반드시 정기적으로 만나야 하며 이를 일상으로 유지해야 합니다. 크고 작은 일들, 때로는 의미심장하고 때로는 평범한 만남이 이어지는 일련의 흐름이 일생에 걸쳐 이어져야 합니다.

부활절 저녁

저의 신앙 여정에도 메마르고 건조한 사막과도 같은 시간이 있음을 고백합니다. 아픔과 패배감, 절망, 지루함을 저라고 모르겠습니까. 성목요일과 성금요일은 부활의 일요일보다 더 자주 찾아옵니다. 신문을 펼치고 6시 뉴스를 보면 이런 말이 절로 나옵니다. "애초에 이길 수 없는 싸움이었어. 뭐 어쩌겠나." 결국은 잘 될 거라고 자위해보기도 합니다만, 그 결국이 언제일지 모르지 않습니까. 서로 마음을 다지며 애써 상황을 긍정하자고 다독여보기도 하고, 슬픈 노래를 불러보기도 하고, 우리가 도대체 무엇을, 얼마나 잘못했는지 생각을 해보기도 합니다. 춥고 어두운 밤이 오면 사람들과 옹기종기 모여 온기나 나눠야겠다고 생각합니다. 뭐 별수 있나요.

그런데 일요일이 찾아옵니다. 음식은 타버렸고 치약도 다 떨어졌습니다. 거울을 보면 어느새 훌쩍 나이든 한 남자가 서 있습니다. 피부는 생기를 잃었고, 목 뒤에 있는 혹은 커져만 갑니다. 아이들을 꾸짖어 겨우 옷을 입혀 차에 밀어 넣고 길거리에 나앉은 이웃을 지나쳐 조용히 교회로 갑니다.

익히 아는 사람들이 모여 늘 부르던 찬송을 부르고, 늘 같은 설교자에게 비슷한 말을 듣습니다. 지루함이 밀려와 눈꺼풀이 감기려 합니다. 익숙해지고 예측 가능해진 말들 속에서 정신을 차리려 애씁니다. 그런 저를 향해 초대의 말이 들립니다. 이웃이 다가오더니 제 빈손에 빵을 놓습니다. 그리고 잔을 내밉니다. 포도주의 향이 퍼집니다. 빵을 맛봅니다. 먹고 마시는 눈이 번쩍 떠집니다. 아침 햇살이 비춥니다. 배가 채워집니다. 그렇게 저는 알게 됩니다.

초대 그리스도인들이 그랬듯 우리의 눈이 열립니다. 성목요일은 부활의 일요일이 됩니다. 신랑이 도착했습니다. 잔치가 시작되었습니다. 그분이 부활하셨습니다. 다른 사람들처럼 의자를 박차고 일어나 문으로 달려갑니다. 그리고 세상으로 나와 소리칩니다.

그리스도께서 부활하셨습니다!

(그들은) 날마다 한 마음으로 성전에 열심히 모이고, 집집이 돌아가면서 빵을 떼며, 순전한 마음으로 기쁘게 음식을 먹었다.

(행 2:46)

정리해 보기

◇ 초대교회에서는 먼저 _____(성서 읽기, 시편 읽기, 그리고 설교)를 드렸습니다. 그 다음 _____(빵과 포도주를 들고 감사 혹은 축복 기도를 한 다음 빵과 포도주를 나누는 것)를 드렸습니다. _____를 따라 초대교회는 말씀을 읽고 해설하는 것에서 주님의 식탁에서 그 말씀을 보고 행하는 것으로 나아갔습니다. (198쪽)

◇ 설교자의 설교는 이 시대에 _____이 뜻하는 바를 담대하고도 분명하게 전해 주며, _____를 우리 삶에 적용하고 _____를 따라 살아가는 일을 돕습니다. 설교는 한 손에는 _____를, 한 손에는 _____을 들고 둘을 함께 읽는 일입니다. (199쪽)

◇ 많은 교회에서 성찬 빵을 받을 때 _____ 고대교회의 방식을 되살리고 있습니다. (203쪽)

◇ 그리스도교에서 _____는 곧 한 사람이며 그렇기에 인격적입니다. (205쪽)

생각해 보기

◇ 당신이 속한 교회에서는 얼마나 자주 성찬을 합니까?

◇ 성찬이 있는 예배와 그렇지 않은 예배를 드렸을 때 다른 느낌을 받은 적이 있나요? 다른 느낌을 받았다면, 그 이유

는 무엇입니까?

◇ 당신의 신앙생활에서 습관으로 정착했으면 좋겠다고 생
각하는 것은 무엇인가요? 그 이유도 함께 나누어봅시다.

우리는 모두 둘도 없이 특별한 존재입니다.

세상 어디에도 당신과 똑같은 존재는 없으며,

앞으로도 결코 없습니다.

성찬의 식탁에 앉으십시오.

당신은 주님이 마련하신 잔치에 초대받은 손님입니다.

당신은 존귀한 초대 손님입니다.

당신은 친구입니다.

그러므로 친구가 사랑받듯이 그렇게 사랑받습니다.

가장 좋은 친구는 당신의 결점과 약점을

알지만, 그럼에도 당신을 사랑합니다.

예수께서 여기 계신다면(그분은 여기 계십니다)

당신의 발을 씻어 주실 것입니다.

그분은 친구들을 높이셨습니다.

핵심은 당신이 힘과 담대함과 불굴의 용기와

공감과 관대함을 비롯해, 세상에 결핍된

모든 것을 가질 수 있도록 자신을 먹이는 것입니다.

그리고 자신을 여는 것입니다.

- 노라 갤러거

제10장

오라, 주님의 식탁으로

빵이 하나이므로, 우리가 여럿일지라도 한 몸입니다.
그것은 우리가 모두 그 한 덩이 빵을 함께 나누어 먹기 때문입니다.

- 고린도전서 10장 17절 -

함께 먹기

여느 때처럼 바쁜 날이었습니다. 써야 할 글은 밀려 있고 주보도 마무리해야 하고 병원에도 가야 했습니다. 그래도 점심 전 잠시 시간이 날 것 같아 차를 몰고 스미스 부인 댁으로 향했습니다. 스미스 부인은 스미스 씨가 제2차 세계대전에 참전하셨다가 전사하신 후, 홀로 나무로 만든 작고 하얀 집에서 새 두 마리를 기르며 살았습니다.

하지만 '잠시 시간을 내' 그녀의 집에 들르면 되겠다는 생각은 제 오판이었습니다. 스미스 부인 집 거실 소파에 앉자 부인은 이야기했습니다. "점심 드시고 가세요." 저는 오늘 해야 할 일들을 열거하며 거절하려 해 보았습니다. 그녀는 말했습니다. "정말 바쁘시네요. 하지만 사람이 먹어야 살죠. 식사하고 가세요." 맞는 말이었습니다. 애초에 점심시간이 다 되어 그곳을 찾아간 제 탓임을 깨닫고 저는 의자에 다시 앉아 말했습니다. "혹시 저 때문에 수고하신다면, 그러실 필요는 없습니다." 부인은 제 말에 아랑곳하지 않고 참나무로 된 찬장에서 태초부터 그곳에 있었던 것처럼 보이는 오래된 식탁보를 꺼냈습니다. "부인, 부인, 이렇게 하시지 않아도 됩니다. 저 때문에 수고하실 필요는 없습니다." 하지만 그녀는 제 하찮은 항변을 무시하고 하던 일을 이어갔습니다. 준비 예식이 시작되었고, 그녀는 중국식 찬장으로 가서 (결혼할 때 선물로 받았다는) 화려한 아일랜드 찻잔을 꺼냈습니다. 이어서 작은 접시, 큰 접시, 버터 그릇, 꽃병이 준비되었습니다.

"저... 정말 저 때문에 수고하지 마세요. 이제 사무실로 돌아가야 하는 상황이고 또 ..."

"그런 말 마세요. 목사님은 제가 부엌에 들어가 있는 동안 여기 앉아서 가만히 계시면 돼요. 부엌으로 따라 들어올 생각은 마시고요. 저는 제가 요리하는 동안 누가 쳐다보는 걸 별로 안 좋아한답니다."

부인은 음식이 만들어지는 지성소로 사라졌고 저는 다시 장밋빛 소파에 등을 기대고 앉았습니다. 음식이 만들어지는 신비로운 장면을 목격하지는 못했지만 거실에서 비스킷 굽는 냄새, 햄이 지글지글 구워지는 냄새를 맡았고, 얼음이 유리잔에 부딪혀 딸그랑대는 소리를 들었습니다. 그렇게 기다리는 동안 저는 거실을 둘러보았습니다. 커피 테이블에는 스미스 씨(부인은 돌아가신 부군을 이렇게 불렀습니다)의 모습이 담긴 빛바랜 사진과 (보여주기 위함이 아니라 매일 읽는 것이 분명한) 다 헤진 낡은 성서가 놓여 있었습니다. 이윽고 의례를 집례하는 사제처럼 부인은 부엌에서 김이 모락모락 나는 접시를 들고 나오며 이야기했습니다. "식탁으로 오세요."

저는 그녀의 지시를 따라 팔걸이가 있는 큰 참나무 의자("스미스 씨 의자"라고 부인이 말해주었습니다)에 앉았습니다. 감사 기도를 드리고 식사를 시작했습니다. 훌륭한 음식을 입안 가득 넣고 우물거리며 모든 음식이 너무 맛있다는 무익한 말들을 늘어놓자 부인은 말했습니다. "목사님은 혼자 식사를 하는 게 얼마나 힘든 일인지 잊으신 모양이에요. 평소에는 그럭저럭 지내다가도 밥을 먹을 때면 혼자라는 걸 새삼 느끼곤 한답니다. 스미스 씨가 살아 있을 때는 거의 이틀에 한 번씩 친구들을 초대해 식사를 했거든요. 그때마다 그이는 말했어요. '주님은 우리가 홀로 먹기를 바라지 않으셔.'"

홀로 먹기

성찬이 지닌 '식사'로서의 성격을 회복하기 위해 실제 식사를 하듯 탁자에 둘러앉아 큰 잔에 포도주를 담고 참여자에게 포도주와 빵을 나누어주는 식으로 성찬을 하는 교회(스코틀랜드 장로교회 및 몇몇 교회)도 있습니다.

각 사람에게 아무 맛도 나지 않는 하얀 밀전병을 나눠주는 관습은 중세적 사고(훼손되지 않는 거룩하고 티 없는 그리스도의 몸이라는 관념)의 산물입니다. 물론 그 관념 자체가 문제는 아닙니다. 그러나 시간이 지날수록 포도주의 양과 빵의 크기는 줄어들었고 이제 성찬은 거의 음식이 아닌 것을 음식인 양 먹고 마시게 하는 것으로 보일 지경이 되었습니다. 분명 성찬의 시작은 이렇지 않았습니다.

과거의 관념에 20세기 초를 풍미한 멸균 신화가 더해지면서 오늘날 많은 교회는 성찬을 일종의 기념식처럼 행하게 되었습니다. 골무만 한 크기의 잔에 포도주를 담아 마시고 아무 맛도 나지 않는 극소량의 빵을 '각자' 먹습니다. 이런 성찬은 성서가 묘사한 예수와 함께하는 식사와는 거리가 멉니다. 성찬은 평범한 사람들이 거의 이해할 수 없는 예식이 되어 버렸습니다.

수년 전 한 그리스도교 잡지에 실린 성찬 관련 광고를 보고 저는 경악했습니다. 성찬을 할 때 각 사람에게 잔을 나누어 주는 것을 시간 낭비라고 여긴 어떤 사람이 그 과정을 보다 신속하게 처리할 수 있도록 팩을 만든 것입니다. 팩에는 크래커 같은 성체와 2그램의 포도주가 들어있었습니다. 일회용으로, 혼자 성찬을 단숨에 처리할 수 있게 고안된 것이지요. 팩에는 이러한 광고 문구를 붙여야 할 것 같았습니다. '이는 너희를 위해 포장한 내 몸이다.'

이로써 완전히 자기중심적이고 독립적인 종교를 향해 가는 마지막 방해물이 제거되었습니다. 드라이브-인 교회, 온라인 기도회, 온라인 설교, 온라인 예배가 이미 가능한데 성찬이라고 그렇게 하면 안 될 이유가 있을까요? 이 팩 덕에 우리는 다른 이들과 접촉하거나 만나지 않을 수 있게 되었습니다. 복음을 최대한 비인격화하고 있는 현대인의 삶에 또 하나의 돌파구(성도의 교제가 없는 성찬)가 생겼습니다.

자기 일은 무엇이든 스스로 해야 마땅하다고 여기는, 미국에 만연한 강한 개인주의는 '종교란 사적인 일'이라는 거대한 이단으로 이어집니다. 소위 온라인 교회, 즉 누군가의 방해 없이 내 할 일을 할 수 있는 교회를 위해 우리는 성찬도, 공동체도 버립니다. 여전히 주류 교회가 남아 있기는 하지만, 그나마도 비대한 간부 모임, 특정 관심을 공유하는 동호회 같은 모임으로 전락하거나, 성직자와 평신도 사이에, 여러 파벌 간에 갈등이 난무하게 되었습니다.

오늘날 큰 사회 문제로 떠오른 세대 갈등, 인종 갈등, 빈부 격차는 홀로 있으려 하는 우리 모습의 한 단면이기도 합니다. 이렇게 안전을 위해 무장하고, 울타리를 치고, 경비를 세워 고립되고 차단된 채로 고치에 쌓인 애벌레처럼 고독에 갇혀 살아가고 있으니, 우리의 교회 생활도 점점 더 나 홀로 편하게, 식생활도 나 홀로 편하게 (텔레비전을 보며 즉석식품이나 먹는 식으로) 변해 가는 것이 자연스러운 귀결일지 모릅니다. 재산세를 늘리려는 지방자치단체에 반발하는 세금 반란tax revolt을 이끌었던 지도자는 이런 표어를 내걸었습니다. "우리 아니면 그들에게 가는 세금. 우리 세금은 우리에게." 이 구호는 사실 나 아니면 너인 세상에서, 나는 나를 위하겠다는 뜻에 다름 아닐 것입니다.

앞서 이야기했던 초대 고린도 교회의 문제를 기억해 봅시다. 고린도 교회는 극심한 분열을 겪고 있었습니다(고전 1:1~12). 심지어

성령께서 주시는 선물조차 일치보다는 분열의 원천이 되었습니다
(고전 12). 바울은 이러한 분열을 치유할 수단으로 "주님의 만찬"을
지목합니다(고전 11:17~34).

이때 바울은 "귀신들의 식탁"(10:21)과 "주님의 식탁"을 대비시
킵니다. 교회의 분열은 주님의 식탁에서 이루어지는 거룩한 식사
를 망가뜨립니다. 누군가 굶주리는 동안 다른 누군가는 먹고 취하
도록 술을 마시는 것은 주의 만찬을 망치는 행위입니다.

> 여러분이 분열되어 있으니, 여러분이 한자리에 모여서 먹어도,
> 그것은 주님의 만찬을 먹는 것이 아닙니다. (고전 11:20)

고린도 교인들을 향해 바울은 함께하는 삶을 깨닫지 못하는 이들
은 "몸을 분별"(고전 11:29)하지도 못하는 것이라고 이야기합니다.
여기서 "몸"은 교회 즉 "그리스도의 몸"을 뜻합니다(롬 12장 참조).
주님의 만찬에 참여하는 이들이 자기를 위해 먹고 마시고 있으며,
그로 인해 교회가 추구해야 마땅한 일치가 망가집니다. "주님의
만찬"Κυριακὸν δεῖπνον은 본질상 공동체적인 것이지만, 이들은 "자기를
위한 식사"ἴδιον δεῖπνον를 하고 있습니다. 그리고 이기적인 식사는 그
자체로 성도의 교제(이것이 성찬의 본래 뜻입니다)에 대한 신성모독이
자 조롱입니다.

바울은 누가 집례하는지, 올바른 양식樣式대로 하는지, 바람직
한 규정대로 하는지, 혹은 여타 전례 요소의 준수 여부로 성찬의
유효성을 따지지 않습니다. 오히려 성찬의 시금석은 공동체가 함

께하는 삶의 모습을 구현하는지 아닌지에 달려 있습니다. 흥미롭게도 이는 오늘날 상당수가 내세우는 '좋은 예배'의 기준과는 사뭇 다릅니다. 많은 이는 주일 예배를 '나와 주님'이 만나는 사적인 시간으로 여깁니다. 이는 개인주의와 주관주의에 바탕을 둔 생각입니다. 우리는 각자 교회에 와서 각자 회중석에 앉고 각자 묵상하다 각자 빵을 먹습니다. 아이들이 우르르 뛰어다니면 시끄럽다고 불평하고, 오르간 소리가 너무 크다고, 혹은 너무 작다고, 옆에 앉은 사람이 시끄러워서 묵상에 방해를 받았다고 투덜댑니다.

물론 주님과 개인적인 만남도 있어야겠고 그에 맞는 시간과 장소도 마련해야 합니다. 하지만 주일은 그런 시간이 아니고 교회는 그런 장소가 아닙니다. 주일은 가족의 날입니다. 온 가족이 함께 만나는 기쁜 날, 다시 한 몸을 이루는 날, 그 몸을 가다듬고 새로워지는 날, 서로를 만나는 날이며 또 주님을 만나는 날입니다. 주일이면 우리는 완고한 개인주의에서 벗어나 한 몸이 되는 곳으로, 서로의 멍에를 짊어지는 곳으로 부름받습니다. 서로 낯선 사람끼리 식탁으로 나아가 가족이 되어 세상으로 나아갑니다.

주일 예배는 공동체로서 드리는 예배, 몸으로 드리는 예배, 몸을 이루는 예배입니다. 이 예배가 그리스도의 몸을 빚어냅니다. 예배는 때로 개인의 감정을 고양시키고, 때로 개인의 지식을 늘려주기도 합니다. 하지만 이렇게 '사적인' 예배는 때로 '교회'를 희생시키고, 주일의 본래 의미도 훼손시키고 맙니다. 주일은 개인이 모여 '무리'를 이루는 날이 아니라 '함께, 한목소리로, 한마음으로 기도하는 한 몸'을 이루는 날입니다. 존 웨슬리는 말했습니다.

그리스도교는 공동체적인 종교다. 그리스도교를 사적인 종교로 돌리는 것은 그리스도교를 망치는 길이다.

혼자 샤워를 하며 부르는 노래도 좋지만, 서로 다른 수백 개의 소리가 모여 부르는 '할렐루야'에 비할 수는 없다.

자신의 상황에만 눈을 고정한 채 홀로 속삭이고, 홀로 찬양하고, 각자 잔에 포도주를 한 모금 들이키고 각자 밀전병을 먹는 모습은 볼품없고 빈약하기 짝이 없습니다. 주님이 바라시는 주일은 이런 모습이 아닙니다. 이는 "먹을 때, 제가끔 자기(만을 위한) 식사를" 먹는 고린도 교회의 모습에 다를 바 없습니다.

목마른 주의 백성에게 골무 크기만 한 일회용 플라스틱 잔에 희석한 포도주를 주는 인색한 모습만큼 현대인들의 깨진 삶, 비극적인 삶, 외따로 떨어져 살아가는 고통스러운 삶을 잘 드러내는 상징도 없을 것입니다.

함께 먹기

이런 말이 있습니다.

함께 기도하는 가족은 흩어지지 않는다.

저는 이렇게 말하고 싶습니다.

함께 식사하는 가족은 흩어지지 않는다.

　오늘날 수많은 가족 관계가 깨지는 이유는 '함께 식사'하지 못해서가 아닐까, 그것이 부분적인 이유가 아닐까, 저는 짐작합니다. 오늘 우리의 식사는 대체로 이런 식입니다. 초등학생인 아들이 학교에서 돌아오자마자 핫도그를 전자레인지에 넣고 데워 5분 만에 먹어 치운 다음 농구 연습을 하러 갑니다. 잠시 후 딸은 발레 학원에서 돌아와 포장된 샌드위치를 먹고 부랴부랴 도서관에 갑니다. 엄마는 직장에서 돌아와 캔 수프를 따 전자레인지에 넣고 데워 먹은 뒤 쇼핑몰로 향합니다. 아빠는 퇴근 후 즉석 냉동식품을 꺼내 먹고 소파에 앉아 텔레비전을 보다가 잠이 듭니다. 이처럼 모두가 홀로, 이방인처럼 황량하게, 단숨에 음식을 먹고 이내 자리를 뜨는 가족이 곤경에 빠지는 것은 당연한 일 아닐까요.

　이 가족의 이야기는 주님의 가족에도 마찬가지로 적용됩니다. 식탁 교제의 붕괴는 교회의 해체를 낳습니다. 교회를 관찰하는 이들에 따르면 깊은 우정을 나누는, 생동감이 넘치고, 적극적으로 봉사하며, 성장하는 교회들은 예외 없이 식탁에서 많은 시간을 보낸다고 합니다. 교회의 구성원으로서 소속감이 자라려면, 교회가 더 많은 사람을 품으려면 우리는 더욱 자주 함께 먹고 마셔야 합니다. 우리는 이미 함께 먹고 마실 때 어떤 일이 일어나는지 알고 있습니다.

　교회가 커졌다는 이유로 성찬 횟수를 줄이는 교회들이 안타까운 것도 이 때문입니다. 그런 교회들은 성찬을 하려면 섬길 사람이 너무 많이 필요하고 시간도 너무 많이 걸리기 때문에 매주 성찬을 하기는 어렵다고 토로합니다. 하지만 성찬 봉사자를 찾기 어려울 만큼, 그리스도와의 정기적인 교제가 어려울 만큼 교회가 크다면, 그 교회는 '교회'가 되기에는 너무 큰 것이 아닐까요.

큰 교회에서 좀 더 자주 성찬을 하기 위해서는 성찬 방식을 다소 조정해야 할 필요가 있을지도 모르겠습니다. 하지만 예배가, 설교와 본질적인 것들만 포함한 예배가 정말 한 시간을 넘어야 할까요. 많은 시간을 요하는 예배 요소들이 모두 꼭 필요한 것인지, 다시 짚어볼 필요가 있습니다. 너무 많은 음악, 너무 긴 설교, 과도하게 자세한 성찬 규칙 설명, 식탁을 반복해서 치우는 일 같은 것이 예배를 채우고 있는 것은 아닐까요. 어쩌면 단순하게 "주님의 식탁으로 나오십시오"라는 말 한마디면 충분하지 않을까요. 의자에서 일어나 제대altar로 나아가는 줄에 설 때 상세한 규칙이나 엄격한 방법이 꼭 있어야 하는 것은 아닙니다. 성찬 전 찬송가 부르는 시간을 줄일 수도 있고, 성가대의 찬양 없이 회중이 함께 성가를 부를 수도 있습니다. 꼭 길게 줄을 서서 움직일 필요도 없습니다. 어떤 교회들은 성찬을 자주 하기에는 교회 규모가 너무 크다고 합니다만, 미국에서 가장 큰 교회 중 일부 교회는 주일마다 성찬을 하는 교단에 속해 있습니다. 성찬을 섬길 이가 부족하다면 평신도 봉사자들이 성직자를 도와 빵과 포도주를 분배하는 것도 좋습니다. 평신도가 성찬을 섬기는 것은 오히려 평신도의 신앙 성숙을 도울 수 있으며, 성찬이 비인격적인 행사가 되거나 조급하게 이루어지지 않도록 돕는 방편이 될 수 있습니다.

성찬을 비인격적인 행사나 딱딱한 규율로 만드는 것이 있다면 그것이 무엇이든 변해야 합니다. 성찬 대열에 신자들을 기계적으로 세워두기만 한다고, 소에게 여물 먹이듯 빵을 먹이기만 한다고 그리스도의 몸이 이뤄지는 것이 아닙니다. 하나의 큰 빵과 하나의 큰 잔은 그리스도 안에서의 일치를 가리키는 좋은 상징입니다. 가능하다면, 빵을 떼어 주는 이는 받는 이의 눈을 마주 보고 이름, 혹은 세례명을 부르며 손에서 손으로 건네는 것이 좋습니다. "요한, 이는 당신을 위해 주어진 그리스도의 몸입니다."

하나의 큰 잔에 다 같이 입을 대고 마시는 것이 비위생적이라 염려가 된다면 포도주에 빵을 적셔 먹는 것도 괜찮습니다. 이는 같은 잔으로 마시지는 않더라도 성찬에 참여하는 이가 같은 빵과 같은 잔을 쓸 수 있게 해주는 오래된 관습입니다.

성찬을 하며, 한 빵과 한 포도주를 나누며 우리는 우리가 되어야 할 교회가 됩니다. 그리스도의 몸으로서 먹고 마시며 우리는 그리스도의 몸이 되어 갑니다.

> 빵이 하나이므로, 우리가 여럿일지라도 한 몸입니다. 그것은 우리가 모두 그 한 덩이 빵을 함께 나누어 먹기 때문입니다.

> (고전 10:17)

즉 빵을 함께 먹으며 그리스도를 기억할 때 우리는 다시금 그리스도의 몸에 속하게 됩니다. 몸에서 떨어져 나가 고통스러워하던 지체들이 다시 한 몸이 되는 것입니다. 곡물 낱알이 모여 하나의 빵이 되듯 그리스도를 따르는 한 사람 한 사람이 모여 하나의 교회를 이루게 해달라고 초대 그리스도인들은 기도했습니다. 이렇듯 성찬은 하나의 빵을 나누어 먹는 이들이 한 분 주님을 따르는 이들이 되어가는 신비로운 과정입니다.

아주 이른 시기부터 그리스도인들은 성찬을 화해의 식사로 여겼습니다. 두 국가 간 조약을 비준할 때 국가에서 연회를 열듯, 성찬은 주님과 우리가 다시 하나 되었음을 승인하며 또 확인해줍니다. 성찬은 새로운 약속의 식사이자 그 자체로 그리스도께서 인준하신 새로운 약속입니다.

주님과 인간 사이의 화해는 인간이 자신, 그리고 동료 인간과 화해할 수 있는 기반이 되어 줍니다. 초대교회에서는 기도하고 성찬을 하기 전 서로 포옹을 하며 '평화의 인사'를 나누었습니다. 이렇게 몸으로 화해와 사랑을 표현하며 교회는 그리스도의 가르침을 실천했습니다.

> 네가 제단에 제물을 드리려고 하다가, 네 형제나 자매가 네게 어떤 원한을 품고 있다는 생각이 나거든, 너는 그 제물을 제단 앞에 놓아두고, 먼저 가서 네 형제나 자매와 화해하여라. 그런 다음에 돌아와서 제물을 드려라. (마 5:23~24)

오늘날 어떤 교회에서는 이 '평화의 인사'를 새롭게 회복시켜 지키고 있습니다. 이는 우리가 마음으로 느끼는 것을 몸으로 표현하는 또 하나의 방식일 것입니다.

죄에는 공동체적인 면이 있으므로 이에 대한 대응도 공동체적으로 이루어져야 합니다. 선한 개인도 집단에 속해있을 때는 악해지곤 합니다. 군중 심리의 힘은 강력합니다. 우리의 유약함이 군중을 쫓아 무리와 결합되면, 우리는 쉬이 타인의 비행에 가담하게 됩니다. 우리는 "다들 그렇게 한다"는 이유로 그렇게 합니다. 이 말은 우리의 공동체적 죄를 드러냅니다. 인종차별주의, 성차별주의 등 모든 '주의'는 우리가 모두 공동체의 악에 참여하고 있다는 증거입니다.

공동체의 죄에는 공동체적으로 응답해야 합니다. 바로 이것이 많은 교회에서 모든 구성원이 '죄의 고백'을 하며 예배를 시작하는 이유입니다. 누군가는 예배 안내문에 '죄의 고백'이 적혀 있는 것을 이상하게 여길 수도 있습니다. '내가 그런 죄를 지었는지 어떻게 알지?'하고 반문하는 이가 있을지도 모르겠습니다. 하지만 20세기 말 비극적인 사건을 겪으며 우리는 이미 배우지 않았습니까. 군중은 얼굴도 없고 이름도 없는 악에 쉽게 가담하곤 합니다.

그렇기에 우리는 '함께' 우정을 나누며 '함께' 죄와 싸웁니다. 그리스도의 몸은 죄, 죽음이라는 문제와 싸우는 '한 몸'입니다. 교회는 개별 신자들이 물리적인 한 공간에 모이는 모임이 아닙니다. 우리는 함께 성장하는 한 몸입니다. 때로는 서로를 꾸짖기도 하며, 때로는 서로를 챙기며 개인으로서 결코 할 수 없는 일을 공동체로서 이루어 갑니다. 성찬은 마법의 영약을 먹는 의례가 아닙니다(바울은 이 점을 고린도 교인들에게 강조했습니다). 성찬의 은총은 그런 식으로 임하지 않습니다. 은총은 주님과 우리의 관계, 다른 피조물과 우리의 관계에 임합니다. 성찬을 통해 주님은 이 관계를 새롭게 빚어내십니다. 우리는 오직 성찬을 통해, 주님께서 세우신 공동체를 통해 격려받으며, 훈련받고, 지지받고, 비전을 보며, 용서받고 용서하며, 회심하고, 성장합니다. 우리에게는 서로가, 그리스도를 신실하게 따르는 동료 그리스도인이 필요합니다. 그리스도의 몸을 통해, 우리는 "서로 남의 짐을 지고"(갈 6:2) 갑니다. 고립된 개인은 주님의 은총을 잘 모릅니다.

태초부터 창조주께서는 우리를 사회적인 피조물로 만드셨습니다.

사람이 혼자 있는 것이 좋지 않으니. (창 2:18)

혼자의 힘으로만 모든 것을 하려는 것, 자급자족하려는 시도는 그 자체로 죄이며, 서로에게 의존해 있는 우리의 현실을 거부하는 일입니다.

성찬은 성도 간에 이루어지는 교제, 친교*koinōnia*의 완벽한 상징입니다. 빵과 포도주는 주님께서 주신 선물입니다. 동시에 인간이 함께 노동함으로써 맺은 결실이기도 합니다(오늘날에는 더더욱 그러합니다). 오늘 아침 이 식탁에 빵과 포도주가 놓이기까지 닿았던 손길들을 생각해 보십시오.

성찬을 하며 누군가 빵을 건네고 이를 나누는 순간 우리는 그 신비를 통해, 그 순간을 통해 잠시나마 복음의 신비를, 그 심장을 마주합니다.

사람이 혼자 있는 것이 좋지 않으니.

그래서 주님께서는 우리에게 서로를 주셨습니다. 두세 사람이 모인 그곳에 우리 주님이 함께하십니다.

함께 모입시다. 여기 주님의 식탁이 있습니다. 식사가 준비되었습니다. 교회는 당신을 주님의 식탁으로 부릅니다. 지금보다 더 함께하기 좋은 시간은 없고, 여기보다 더 좋은 곳도 없습니다. 당신은 이 부름을 듣고 나아갑니다. 나아가면서 오래전 성 아우구스티누스가 주일, 주님의 식탁으로 사람들을 초대하던 말을 듣습니다.

사도들은 이 빵의 의미를 이렇게 설명했습니다. "빵이 하나이므로 우리가 여럿일지라도 한 몸입니다." 오 사랑의 성사여. 하나됨의 징표여. ... 누구든 생명을 찾는 자는 그 생명의 원천이 이곳에 있음을 알게 될 것입니다. 앞으로 나와 하나가 되어 참여하면 생명을 얻게 될 것입니다. 뒷걸음질 쳐 서로가 서로에게 속해있는 결합에서 떨어져 나가지 맙시다. .... 그리스도의 몸에 굳게 섭시다.

이제 당신은 제자들처럼 고백합니다.

주님, 그 빵을 언제나 우리에게 주십시오. (요 6:34)

정리해 보기

◇ 주일 예배는 _____로서 드리는 예배, _____으로 드리는 예배, ____을 이루는 예배입니다. (221쪽)

◇ 초대교회에서는 기도하고 성찬을 하기 전 서로 포옹을 하며 _____를 나누었습니다. 이렇게 몸으로 화해와 사랑을 표현하며 교회는 그리스도의 가르침을 실천했습니다. (226쪽)

◇ 공동체의 죄에는 공동체적으로 응답해야 합니다. 바로 이것이 많은 교회에서 모든 구성원이 _____을 하며 예배를 시작하는 이유입니다. (227쪽)

생각해 보기

◇ 온라인 예배의 좋은 점과 아쉬운 점을 생각해봅시다. 온라인 성찬이 가능할까요? 가능하다면 어떤 방식으로 할 수 있을까요?

◇ 성찬의 방식과 재료는 다양합니다. 자신이 경험한 성찬 방식에 대해 함께 나누어 봅시다. 자신이 참여한 성찬의 방식과 재료 중 가장 인상적이었던 것, 또는 아쉬웠던 점을 나누어 봅시다.

◇ '혼밥' 하는 일이 많아지는 시대적 변화 속에서, 함께 먹는 것의 의미를 더 풍성하게 하려면 무엇을 할 수 있을까요?

거룩하신 아버지,

우리 마음에 머무르게 하신 당신의 거룩한 이름에 대해,

또 당신 종 예수를 통해 우리에게 알려 주신

지식과 믿음과 불멸에 대해 우리는 당신께 감사드립니다.

당신께 영광이 영원히.

전능하신 주님,

당신은 당신 이름 때문에 만물을 창조하시고,

사람들에게 양식과 음료를 주시어 즐기게 하시고

당신께 감사드리도록 하셨습니다.

그리고 당신 종을 통하여

우리에게 영적 양식과 음료와 영생을 베풀어 주셨습니다.

무엇보다 우리가 당신께 감사드리는 것은, 당신이 능하시기 때문입니다.

당신께 영광이 영원히.

주님, 당신 교회를 기억하시어 악에서 교회를 구하시고

교회를 당신 사랑으로 완전케 하소서.

또한 교회를 사방에서 모으소서.

거룩해진 교회를 그를 위해 마련하신 당신 나라로 모으소서.

권능과 영광이 영원히 당신 것이기 때문입니다.

은총은 오고 이 세상은 물러가라!

다윗의 주님 호산나!

어느 누가 거룩하면 오고 거룩하지 못하면 회개하라.

마라나타! 아멘.

- 디다케 中 -

오라, 주님의 식탁으로

– 성찬에 참여하는 모든 이에게

초판 1쇄 │ 2021년 3월 30일
　　　2쇄 │ 2022년 11월 20일
지은이 │ 윌리엄 윌리몬
옮긴이 │ 정다운

발행처 │ 비아
발행인 │ 이길호
편집인 │ 이현은
편　집 │ 민경찬
검　토 │ 김준철 · 손승우 · 양지우 · 이광희 · 황윤하
제　작 │ 김진식 · 김진현 · 이난영
재　무 │ 이남구 · 김규리
마케팅 │ 유병준 · 김미성
디자인 │ 손승우

출판등록 │ 2020년 7월 14일 제2020-000187호
주　소 │ 서울시 강남구 봉은사로 442 75th Avenue 빌딩 7층
주문전화 │ 010-7585-1274
팩　스 │ 010-2088-5161
이메일 │ viapublisher@gmail.com

ISBN │ 979-11-91239-11-9 03230
한국어판 저작권 ⓒ 2021 ㈜타임교육C&P